PÉRDIDA Y RECUPERACIÓN DEL ESEQUIBO
DEL LAUDO DE PARÍS AL ACUERDO DE GINEBRA

ASDRÚBAL AGUIAR
Doctor en Derecho
Exjuez de la Corte Interamericana de Derechos Humanos
Miembro de la Real Academia Hispanoamericana de Ciencias,
Artes y Letras de España y de la Academia Internacional de
Derecho Comparado de La Haya

PÉRDIDA Y RECUPERACIÓN DEL ESEQUIBO

DEL LAUDO DE PARÍS AL ACUERDO DE GINEBRA

*Cuadernos de la Cátedra Mezerhane sobre
Democracia, Estado de Derecho y Derechos Humanos*

No. 7

Miami Dade College

2024

Cuadernos de la Cátedra Mezerhane sobre Democracia, Estado de Derecho y Derechos Humanos

©   Asdrúbal Aguiar

Todos los derechos reservados

ISBN: 979-8-89342-874-2

Impreso por: Lightning Source, an INGRAM Content company
para Editorial Jurídica Venezolana International Inc.
Panamá, República de Panamá.
Email: ejvinternational@gmail.com

Portada: Alexander Cano
Imagen: Mapa de la Republica de Venezuela, Agustín Codazzi, 1840

Diagramación, composición y montaje por:
Mirna Pinto de Naranjo
en letra Times New Roman 14, Interlineado 15, mancha 11.5x18

A Mariela, nuestros hijos y nietos,
que son la patria renovada que nos acoge

"Nombradas en 1753 por el rey de España las comisiones que debían, por su parte, cumplir el tratado de 1750 entre España y Portugal en lo concerniente á límites, tocó á la cuarta, presidida por D. José de Iturriaga, delinear la frontera entre el Orinoco y el Amazonas.

"Dice Solano, que «convenía al servicio del Rey que S. M. se dignase aprobar y confirmar aquella disposición de Iturriaga, que constituye al cargo del Comandante de Guayana el todo de su provincia, cuyos términos por el septentrión es el bajo Orinoco, lindero meridional de las provincias de Cumaná, Venezuela; por el occidente son el Alto Orinoco, el Casiquiare (brazo de aquel) , y el Río Negro, que juntos entran en el Amazonas, dando aguas á poblaciones de portugueses; por el mediodía, este famoso río que aquellos poseen; y por el oriente el océano Atlántico, que baña las costas de las colonias francesas de la Cayena, y holandesas de Berbice, Surinán y Esequibo». (Archivo de Indias en Sevilla. Audiencia de Caracas. Correspondencia con los Gobernadores de Guayana, 1762 á 1814).

"Así encontré la cuestión de límites, al entrar al poder en 1870. Evité entónces, comprometer un conflicto, y mientras organizaba la República, seguí la discusión conforme al plan que encontré trazado, y con la conveniente mesura y lentitud, contando con que, más tarde, regenerada la Patria, había de inspirar respeto y consideración, alcanzar prestijio y tener autoridad moral para impedir que se consumase la usurpación del territorio hasta el cabo Nassau. La Inglaterra seguía mostrándose inflexible en toda discusión sobre el territorio del Pomarón al Esequibo, cuando Venezuela, en 1881, hubo de promulgar la actual constitución, quedando felizmente por ella prescrito, como *Bases de la Unión*, entre otras, que *los Estados nunca cederían, bajo ningún título, parte alguna de su territorio* ; y como, en el sistema federal, *la Nación está formalos Estados, el Gobierno general carece de facultad para ceder parte alguna del territorio que la constituye da por desde 1810.*"

Antonio GUZMÁN BLANCO,
Límites de los Estados Unidos de Venezuela, París, 1891

SUMARIO

EL ACUERDO DE GINEBRA DE 1966

APÉNDICE

EXPLICACIÓN DEL AUTOR

En vísperas de publicarse nuestro libro sobre *La cuestión del Esequibo* (EJV, 2024), Papel Literario, editado por el diario El Nacional de Caracas, recogió un amplio artículo nuestro con título desafiante: "Así perdimos el Esequibo". Es un *brevis* coloquial de uno de los ensayos de aquél y explicativo, a profundidad, de nuestro tormentoso siglo XIX, hasta cuando el Laudo Arbitral de París nos arrebata el costado oriental esequibo de Venezuela.

En modo alguno afirmaba alguna fatalidad o tragedia sin alternativas, como esa de la pérdida territorial sufrida. Ha sido y es mi propósito poner el énfasis, aquí sí, sobre la ausencia de una conciencia autocrítica nacional acerca de las razones que, más allá de nuestra endémica debilidad republicana y como nación o patria tras las guerras por la Independencia, hicieron posible una importante reducción territorial en ambos costados de nuestra geografía. Basta observar el mapa elaborado por Agustín Codazzi en 1840 para constatarla, y para entristecernos.

Desaprovechamos logros diplomáticos propios y para posibles avenimientos transaccionales y prácticos con la Gran Bretaña, tras la vana creencia de que el ejercicio de la soberanía es un inútil acto de honor o de demagogia sobre un camposanto minado, cruzado de intereses foráneos. Lo mismo nos ocurrió con Colombia, a propósito de la Guajira.

De modo que, sucedido el milagro del Acuerdo de Ginebra de 1966, obra inteligente y hábil de los presidentes Rómulo Betancourt y Raúl Leoni, de sus cancilleres Marcos Falcón Briceño e Ignacio Iribarren Borges, y de los expertos jesuitas que los acompañaran – Hermann González Oropeza y Pablo Ojer Celigueta – otra vez conspira contra nosotros, en pleno siglo XXI, el arresto populista que nos es genético y que se resume – cabe decirlo sin ambages – en la elegía del Cuzco, suscrita por nuestro Libertador en 1825 y dirigida a su tío Esteban Palacios:

"Los vivientes han desaparecido: Las obras de los hombres, las casas de Dios y hasta los campos han sentido el estrago formidable del estremecimiento de la naturaleza. Usted se preguntará a sí mismo ¿dónde están mis padres, dónde mis hermanos, dónde mis sobrinos? ... ¿Dónde está Caracas? se preguntará usted. Caracas no existe; pero sus cenizas, sus monumentos, la tierra que la tuvo, han quedado resplandecientes de libertad; y están cubiertos de la gloria del martirio. Este consuelo repara todas las pérdidas, a lo menos, este es el mío; y deseo que sea el de usted".

El Acuerdo firmado en el Lago ginebrino de Lemán reabrió el camino para poner las cosas sobre su justo cauce y tener Venezuela la firme la posibilidad de debatir con seriedad y con responsabilidad sobre nuestros derechos, conforme a títulos históricos y alegaciones que nos son suficientes, en un contexto institucional universal radicalmente distinto al de nuestro pasado.

Mas si cierto es que, como en el pretérito la república nuestra se ha desmaterializado constitucionalmente y la nación está vuelta añicos, vagando hoy en diáspora por tierras ajenas, dado que Venezuela es y seguirá existiendo en cada uno de sus hijos, la defensa de lo que nos pertenece en el Esequibo y es patrimonio de las generaciones por venir, finalmente cuenta con un nicho apropiado y propicio en la Corte Internacional de Justicia. Allí no rigen las reglas del Derecho internacional primitivo o salvaje; ese que frívolamente puso de lado a nuestra soberanía en 1899, permitiéndolo una colusión arbitral entre Rusia e Inglaterra.

Los dos ensayos que con fines didácticos se recogen en este libro u opúsculo, uno, el artículo de Papel Literario referido, y el otro, nuestra exégesis detallada sobre el Acuerdo de Ginebra, a fin de disolver la manipulación del que ha sido objeto por quienes buscan evitar nuestra presencia en la Corte, están acompañados de tres documentos a los que debe acceder y ha de leer todo venezolano doliente de la Casa Común: el laudo del despojo; el acuerdo que nos permite controvertir la nulidad de este y alegar nuestros títulos jurídicos sobre el territorio Esequibo; y una síntesis que hemos elaborado sobre el fondo de la cuestión que ya conoce la Corte de La Haya, editado y traducido bajo nuestra responsabilidad con vista a los resúmenes preparados por dicho tribunal, y para una fácil comprensión por el lector de la tarea histórica que nos espera.

Condado de Broward, 4 de marzo de 2024

Asdrúbal AGUIAR A.

Profesor Visitante del Miami Dade College
Ex juez de la Corte Interamericana de Derechos Humanos
Miembro de la Academia Internacional de Derecho Comparado
de La Haya y de la Real Academia Hispanoamericana
de Ciencias, Artes y Letras

Papel Literario, 16 de diciembre de 2023

Así perdimos el Esequibo, pudo ser el título de mi más reciente libro de pedacerías, aun cuando en modo alguno predicase fatalidad. Opté por otro, *La cuestión del Esequibo* (Colección Historia, Caracas, Ediciones EJV International, 2023), reparando en su estricto significado y finalidad, como método escolástico de estudio y enseñanza y a través del cual tras una lectura seguida de su meditación se invita a debatir, a la discusión sobre lo esencial.

No hay, en efecto, fatalidad en las páginas que escribo. Si bien a raíz del Laudo Arbitral de París de 1899 Venezuela pierde su reclamación territorial y se vuelve tal desenlace un hecho consumado, hoy, con fundamento en el Acuerdo de Ginebra de 1966 que fue la obra magna de su diplomacia, tiene la posibilidad de volver a debatir *ex novo* ante un tribunal imparcial e independiente, la Corte Internacional de Justicia, integrada por juristas procedentes de varias culturas, en un tiempo distinto al que caracterizó a la comunidad internacional previa a las dos grandes guerras mundiales del siglo XX. Y será dicha Corte, creada por la antigua Sociedad de las Naciones y heredada por Naciones Unidas, la que tendrá la última palabra y fijará, dado el caso y como lo dispone la decisión con la que asume su competencia, nuestros límites definitivos con la vecina República Cooperativa de Guyana.

Celebramos al verdugo, condenamos al defensor

Antes que describir los distintos aspectos de esa controversia, mis escritos son, aquí sí, una invitación seria a la autocrítica, a saber, la que hemos de hacernos los venezolanos después de haber sido reprobados arbitralmente y a la luz de esta otra oportunidad que se nos ofrece para revisar lo ocurrido. No podemos volver a reducir nuestra circunstancia o nuestras pérdidas territoriales a la ojeriza o la traición de enemigos supuestos. En el caso, a los norteamericanos les seguimos maltratando desde las galerías – por falta de memoria o desviaciones ideológicas – y más ahora, a propósito de la cuestión del Esequibo; después de haber sido nosotros quienes les solicitamos y endosamos nuestro problema a finales del siglo XIX para que, en nombre nuestro, enfrentasen con su poder a los ingleses, nuestros verdaderos expoliadores. Y fueron aquellos, no éstos, los que salvaron para nuestra soberanía las bocas del río Orinoco.

Fuimos nosotros, al paso, quienes celebramos ardorosamente, además, la designación como presidente de ese tribunal de la infamia – que coludiera con los jueces ingleses – al jurista ruso Frederick de Martens. No nos detuvimos en la lectura su obra ni en sus tesis jurídicas de entonces sobre el reclamo nuestro, que aceptaban la ocupación de hecho por una potencia de territorios abandonados, aun cuando otra los hubiese descubierto.

Para Martens, las controversias territoriales emergieron, justamente, al debatirse durante los siglos XVI y XVII la interpretación larga a cuyo tenor, sobre todo en España, se cree que "habiendo ocupado la costa o puntos de ella se vuelve soberana sobre toda la tierra desconocida en su interior".

Así lo asienta en su *Tratado de Derecho Internacional* que ya había publicado, casualmente en Paris, en 1883.

"La persona elegida para cargo de tal confianza es de celebridad europea, por no decir universal" declarará, sin embargo, Joaquín Crespo ante el Congreso Nacional de 1898. "Sus escritos se hallan como fuente de consulta en el bufete de todo publicista, y su nombre figura entre las más altas autoridades en materia de Derecho Internacional", precisa.

Es indispensable, pues, que los venezolanos salgamos de la zona de confort y esterilizante a la que nos ha relegado la república explotando a su favor nuestras taras genéticas: una, la del gendarme o padre bueno que nos tutela y ha de proveer a nuestro bienestar, siendo el responsable de todo, y la otra, el mito de El Dorado, el de Manoa, que nos hizo herederos indolentes, sólo ocupados de reclamar y no de sostener y acrecer como nación el patrimonio que nos pertenece; ese que se dilapida en un tris como si fuese el botín de un bucanero. Por tal vía se nos ha hecho cuesta arriba la defensa cierta de los intereses superiores de la Venezuela que nos integra y que, en el instante, sensiblemente, se nos disuelve.

Los complejos coloniales y las victimizaciones arrastradas desde la caída de nuestra Primera República han abonado nuestras pérdidas territoriales. La más emblemática, junto a la de la Guayana Esequiba en la que otra vez y por una buena estrella se nos abre otra posibilidad para reivindicarla en pleno siglo XXI, fue la de la Goajira. Este espacio territorial nos lo reconoció en amplia extensión y de por mitad Colombia, al plantearse nuestra separación. El Tratado Pombo Michelena de 1833, negociado por Lino de Pombo y Santos Michelena, luego aprobado por el

21

Congreso de esta fue rechazado por el nuestro, considerándolo insuficiente y lesivo. Y tras el arbitraje de la reina regente de España, María Cristina, en 1891, lo perdimos.

Tras errores propios y como lo precisa don Mariano Picón Salas en su seminal ensayo "Comprensión de Venezuela" (1949), en cada oscurana, sin resolver, para consuelo de tontos, nos refugiamos en la épica bolivariana, lo cierto es que llegamos al callejón sin salida de la infamante sentencia arbitral que nos despojase de una parte importante de nuestra geografía oriental, una vez como enturbiamos las gestiones de los diplomáticos quienes defendieron con habilidad y ejemplar entrega nuestra soberanía territorial. Los del Esequibo tuvieron a mano esa «solución práctica y recíprocamente satisfactoria» que se nos ha vuelto mantra sin destino, pero se las arrancamos en horas de estremecimiento doméstico y mal entendimiento de lo patrio. La visión localista y mezquina de unos políticos de parroquia arrellenados en las butacas del Palacio Federal y otros burócratas de levita – ocupantes del ministerio de relaciones exteriores – frustraron las posibilidades varias de una salida inteligente y transaccional a lo largo del siglo XIX.

EL MILAGRO DE GINEBRA

Mi relectura de los textos de Enrique Bernardo Núñez (*Tres momentos en la controversia de límites de Guayana*, 1962), escritor y diplomático de fuste, publicados sobre el puente de las iniciativas emprendidas a inicios de la república civil y democrática de 1959 y, en lo específico, a propósito de las negociaciones que hicieron posible el «milagro» del Acuerdo de Ginebra de 1966, que reabre la controversia, ha reafirmado en mí la convicción antes señalada. La obra de Núñez me ha servido como fuente de renovada de inspiración. Es un astrolabio, sobre todo en cuanto al conocimiento intestino de ese azaroso siglo a cuyo término ocurre la pérdida del Esequibo.

La derrota sufrida en París hubo de montársela sobre los hombros el presidente Ignacio Andrade, que nada tuvo que ver con la misma, y las deudas financieras dejadas con el Tribunal Arbitral y la consiguiente delimitación territorial de lo decidido por los árbitros y ejecutada, hubo de asumirlas Cipriano Castro, El Cabito, que derroca al anterior e inaugura nuestro siglo XX. El asunto, desdoroso para la nación, quedó así consumado y para lo sucesivo.

De modo que, abandonar el camino que finalmente se le ha reabierto a la república tras el difícil recorrido transitado desde 1966 – queriéndosele hacer decir al mencionado Acuerdo de Ginebra lo que no dice o interpretándolo sin contexto a contravía de lo que prevén el Derecho internacional y el mismo tratado en cuestión; y con ello, pretender obviar la defensa de lo que le pertenece a la nación en estrados judiciales – debatir ante la Corte Internacional de Justicia – conllevará, en la práctica, a destruir los cimientos de esa primera alcanzada por Venezuela. La firma de tal Acuerdo en el lago Lemán con la Gran Bretaña y su colonia, la Guayana Inglesa, a propósito, y en vísperas de declararse la Independencia de esta, fue una inesperada resurrección, obra de la inteligencia, sagacidad y perseverancia de dos cancilleres, Marcos Falcón Briceño e Ignacio Iribarren Borges.

Tan importante ha sido el preservar ese logro, fuente actual de la competencia que en estricto Derecho ejerce la Corte de La Haya, que su autor, Raúl Leoni y su canciller evitaron tirarlo por la borda en enero de 1969. Si bien ejercieron actos de soberanía real sobre la isla limítrofe de Anacoco en 1966, no cedieron a la tentación que les significó el alzamiento armado de los amerindios en el Rupununi, quienes exigían anexar sus territorios a Venezuela por vía de los hechos. El gobierno no los acompañó.

Fueron acogidos, sí, en sus exilios, pero habiéndose entendido con firmeza y serenidad que el camino trazado en Ginebra, por un sino de esa historia que dieron por cerrada el mismo Castro y su sucesor, el general Juan Vicente Gómez, pudo perderse en instantes si se le hubiese dado habitáculo al delirio; sobre todo habiéndose comprometido Venezuela con tal salida, primero diplomática y consensual, mediante un arreglo práctico y, de fallarse en dicho camino, por vía de una adjudicación judicial con participación de la Organización de Naciones Unidas.

IRIBARREN BORGES, ARTESANO DEL ACUERDO

Los alcances del anterior proceso – en interpretación auténtica que aún nos obliga a los venezolanos por ser la interpretación nuestra y la aceptada al momento en que el Acuerdo de Ginebra se presenta ante el Congreso venezolano para su aprobación – los desarrolla Iribarren Borges en precisos términos:

"Evidentemente que el Acuerdo de Ginebra no constituye la solución ideal del problema, que no es otra cosa que la devolución a Venezuela de su territorio. No fuimos a la ciudad del lago de Leman a dictar las condiciones de rendición del adversario ... fuimos a buscar una solución satisfactoria [y] el acuerdo de

Ginebra lleva a una nueva situación las posiciones extremas de quien exige la devolución del territorio usurpado, en virtud de un Laudo nulo, y la de quien argüía que no abrigando duda alguna sobre su soberanía acerca de ese territorio, no estaba dispuesto a llevar la causa a tribunal alguno.

"La continuación de las conversaciones es de capital importancia y ... de ellas puede surgir una solución que permita «poner fin a la controversia en forma satisfactoria» sin necesidad de recurrir a los procedimientos previstos en el artículo 4 del mismo Acuerdo.

"Sin que los gobiernos hubiesen llegado a un acuerdo sobre el procedimiento para solucionar la controversia, se referirá la decisión de escoger los medios de solución a un órgano internacional...

"Venezuela propuso que se encomendara la función de escoger los medios de solución a la Corte Internacional de Justicia como órgano permanente... No habiendo sido aceptada esta propuesta por los británicos, Venezuela propuso encomendar aquella función al secretario general de las Naciones Unidas.

"Por último, de acuerdo con los términos del artículo 4, el llamado Laudo de 1899, en el caso de no llegarse antes a una «solución satisfactoria», deberá ser revisado por medio del arbitraje o el recurso judicial".

"La única reclamación territorial en la presente controversia es la formulada por Venezuela … Si Gran Bretaña o la Guayana Británica formularan alguna reclamación territorial a Venezuela, ello significaría automáticamente que aceptan la invalidez del llamado Laudo de 1899".

"La creación y actuación de la Comisión Mixta [que la integró por decisión del presidente Leoni el embajador Gonzalo García Bustillos, encargado de procurar la solución amigable esperada y frenada sistemáticamente por Guyana], así como el proceso subsiguiente, si ésta no arribare a una solución satisfactoria, obligan a Venezuela a poner en marcha todas sus energías para consolidar su reclamación con serios y maduros estudios".

VENEZUELA LE PIDE AUXILIO A LA ONU

Era previsible, entonces, que el consenso no llegase a buen término, disparándose entonces la competencia del secretario de la ONU, que la acepta este por escrito desde 1966. La movilizará más tarde, de forma unilateral ante la esterilidad de las negociaciones, el canciller José Alberto Zambrano Velasco, quien le exige a este actuar, en 1981, una vez como se descongela la reclamación – en mora tras el Protocolo de Puerto España de 1970.

Se había buscado durante 20 años, sin éxito, favorecer un mejor clima de acercamiento con la contraparte, entendiendo que se encontraba esquilmada luego de su reciente independencia e inaugurando apenas el ejercicio de sus potestades soberanas y, asimismo, sujeta a las presiones geopolíticas de Cuba. No se cierran las comunicaciones, sino que se amplían a todos los aspectos de la cooperación bilateral – durante los gobiernos de Rafael Caldera, Carlos Andrés Pérez y Luis Herrera Campíns – sin consecuencias. Y, resistiéndose Guyana a toda fórmula, Zambrano Velasco logra que se designe por la ONU el primer buen oficiante que ayudase a resolver el entuerto.

La historia que siguió es conocida. El secretario de la ONU entendió bien al final que la vía del consenso estaba agotada para ambas partes. Sus buenos oficiantes tampoco lograron nada. Por ende, en ejercicio de la competencia que se lo dio en Ginebra para decidir por vía heterónoma sobre el medio apropiado de solución pacífica, pasados otros 40 años decidió que una y otra, Guyana y Venezuela, tendrían que dirimir la reclamación ante la Corte Internacional de Justicia. Fue lo que, a la sazón y con talante de visionario, imaginó en 1966 el canciller Iribarren Borges al negociar con Gran Bretaña y al exponer los contenidos del Acuerdo alcanzado ante el Congreso, para su aprobación. Cuatro hitos, hijos de nuestra experiencia, en 1810, 1845, 1881, y 1909, son aleccionadores. Desnudan el valor taumatúrgico del Acuerdo de Ginebra, visto en su significación desde la retrospectiva. Cabe recordarlos, sobre todo por cuanto el régimen ahora imperante en el país, tras argüir su celosa defensa del citado acuerdo, en fraude a sus normas, acaso para purificar sus faltas y omisiones a partir de 2004, no hace sino abrogarlo al desconocer a la jurisdicción de la Corte de La Haya encargada de proveer a una solución final sobre la cuestión del Esequibo.

ASDRUBAL AGUIAR

DESACATO ANTE LA CORTE

"La Corte no tiene competencia manifiesta y Venezuela no hará parte en la instancia", y "no hemos decidido sobre la posición que adoptaremos con vistas a nuestra Constitución y las consultas populares que realizaremos, rezan, textualmente, las afirmaciones vertidas ante los jueces por la vicepresidente de Venezuela, en 2018 y 2021, sucesivamente. Y, seguidamente, en consistencia con el dislate anterior afirma el Tribunal Supremo de Justicia venezolano, en sentencia que dicta la Sala Constitucional el 15 de noviembre de 2023 a pedido del presidente de la Asamblea Nacional contra "la acción de Guyana ante la Corte Internacional de Justicia", debatiéndose sobre los efectos que podría tener la consulta popular planteada por Venezuela, lo siguiente:

"Cualquier decisión o actos materiales de personas naturales o jurídicas (nacionales o extranjeras), organismos internacionales o Estados nacionales, que desconozcan, impidan o pretendan obstaculizar: i.- El derecho de la República Bolivariana de Venezuela a ejercer la soberanía, independencia e integridad no tendrán ninguna validez ni eficacia jurídica, por lo que las mismas deben ser desconocidas por todos los órganos que ejercen el Poder Público territorial" (Vid. Allan R. Brewer Carías, "Nuevas cuestiones sobre el referendo consultivo y la reclamación del territorio esequibo", 2023).

LOS INGLESES NOS CONQUISTAN

En el genético texto sobre historia de Venezuela que consigna don Andrés Bello antes de la Independencia y que

28

hace parte del *Calendario Manuel y Guía Universal de Forasteros en Venezuela para el año de 1810* – editado por Gallager & Lamb en Caracas – se hace constar que "los Holandeses del Esquivo y Demerari miraban como impenetrable la barrera evangélica, y fue lo primero que procuraron derribar sublevando a los indios contra los misioneros… Los ingleses y holandeses no perdían jamás de vista la Guayana y desengañados de que no podían sostener clandestinamente sus relaciones mercantiles con ella, se resolvieron a tentar su conquista. Una expedición combinada de ingleses y holandeses contra la Guayana fue el primer acaecimiento del siglo XVII en la provincia de Venezuela", según nuestro maestro de las letras americanas.

PERDEMOS LA SOGA Y LA CABRA

En uno de mis ensayos en el libro que introducen estas notas, abordo lo que luego vino, en el orden señalado. Nuestro enviado, Alejo Fortique, en 1844, después de alcanzar con Lord Aberdeen, canciller inglés, una transacción amistosa consistente en el trazado de una línea entre el río Moroco y las bocas del Orinoco, con el compromiso nuestro de no ceder el río o partes de él a potencia extranjera alguna, tropezó con el flemático Consejo de Gobierno que, desde Caracas, consideró "deprimente para la dignidad nacional" aceptar lo que la misma Constitución ya establecía, a saber, la prohibición de enajenar el territorio de Venezuela.

El propio Fortique, antes bien, seguía las instrucciones de su Canciller Francisco Aranda sobre lo esencial, "salvar las bocas del Orinoco", mientras Inglaterra retiraba su pretensión sobre Amacuro, Barima y Guaima, hasta adonde habían llegado, en los hechos, sus autoridades coloniales. Dado lo cual, Fortique, antes de fallecer en 1845, le escribe al presidente Carlos Soublette previniéndole sobre lo fatal: "temo que perdamos soga y cabra" y "el Orinoco se pierde al otro día de haber entrado Lord Palmerston – adversario de Aberdeen – al ministerio".

José Gil Fortoul, enjuiciando la cuestión, precisó que "al historiador Rafael María Baralt, nombrado secretario de Fortique con el encargo especial de acompañarle en el estudio de los archivos españoles para la busca de documentos a favor de Venezuela, se le había retirado su nombramiento, con el fútil pretexto de ahorrar los doscientos pesos que recibía de sueldo; y perdió así el Gobierno la ocasión, a la muerte del Ministro, de sustituirlo con un hombre de altísimas prendas intelectuales y ya muy versado en la cuestión".

UN MARQUÉS VENEZOLANO

Posteriormente, transcurridas cuatro décadas, José María de Rojas Espaillat, abogado y diplomático, hermano de Arístides Rojas, creado Marqués por el Papa León XIII quien fuese mediador en la cuestión del Esequibo, designado nuevo ministro residente en Londres asume el encargo de nuestra reclamación. Antonio Guzmán Blanco, presidente, revindica los planteamientos de Fortique para la tarea de su enviado.

El 21 de febrero de 1881 propone Rojas resolver sobre títulos de derecho o a través de una transacción amistosa. La Corona señala que no acepta la propuesta Fortique-Lord Aberdeen, y Rojas ofrece situar la línea en la costa "una milla hacia el Norte de las bocas del Moroco", como fórmula de avenimiento recíproco. Hace una clara proposición. No le será aceptada, pero lo grave es que el padre del presidente, Antonio Leocadio Guzmán, padre del presidente, acusa al Marqués de Rojas por "exceder a sus poderes" y le obliga a renunciar como reo de traición.

GÓMEZ CENSURA NUESTRA NEGLIGENCIA

El general Gómez, una vez como Castro ha solventado nuestra deuda con el Tribunal Arbitral de París por 400.000 bolívares – que le deposita en dos partidas a nuestro abogado norteamericano Mallet-Prevost – y habiéndole solicitado a los ingleses una moratoria anual para que la Comisión de Límites que nombró pudiese proceder a la demarcación del territorio tal y como fue fijado por los árbitros, al efecto modificándose los mapas, ilustra bien el sentido de nuestra fatalidad ante el Congreso de los Estados Unidos de Venezuela de 1909:

"Es del caso llamar vuestra preferente atención al grave asunto de cumplir con las obligaciones inherentes a la Soberanía, en los territorios fronterizos no abiertos aún a la civilización. Empeños más apremiantes distrajeron por largos años el cuidado administrativo de esas regiones y de los indígenas que las pueblan y, cuando llegó el momento de fijar nuestros límites guayaneses, ese descuido infirmó el derecho histórico de Venezuela a vastas comarcas que le fueron adjudicadas a más celosos vecinos. La obra de los misioneros que hicieron posible ese resultado continúa, mientras la de quienes propagaban por aquellas selvas el idioma castellano, y educaban para nosotros la tierra y sus pobladores, cesó desde ya casi un siglo".

31

EL LIBRO

Así las cosas, sobre mis relecturas entendí de pertinente hacer circular en bloque mis escritos varios sobre la materia. Sin las pretensiones del historiador o el antropólogo forense, obviando rebuscados circunloquios que sólo alimenten la vanidad académica y siendo extraño a lo que se publica para la galería de quienes aspiran reconocimientos en una hora dilemática para la patria, únicamente pretendo sensibilizar a los actores involucrados y quizás mover a la conciencia de quienes tienen voz.

Ojalá que en sus juicios y decisiones piensen primero en la Venezuela permanente y sus venideras generaciones, desnudos de taras y los arrestos adánicos que ningún fruto nos han dejado. Han sido la génesis de nuestros fracasos recurrentes, como lo constata la disolución nacional que avanza y nos tiene por testigos. La totalidad de nuestro territorio indiscutido se encuentra invadida. La predica constitucional sobre nuestra soberanía es una morisqueta.

Las páginas que introducen mis notas las he redactado en los últimos cinco lustros con propósitos de enseñanza en la cátedra a mi cargo durante casi medio siglo y de la que me he jubilado; otras han sido hechas para aprender y reflexionar yo mismo, cuando veo que se nos impone enmendar el camino y sobre la necesidad de revisar lo hecho y sobre todo lo mal hecho a lo largo de nuestro devenir venezolano; se agregan las apuntaciones que se me han demandado desde la academia para mejor entender el desafío planteado por la demanda interpuesta ante la CIJ por Guayana; en fin, constan los artículos que hacen parte de mi habitual tarea como columnista de opinión en la prensa escrita y en los que destaco el comportamiento

– avances y graves retrocesos – del Estado venezolano en su conjunto con relación a la reclamación territorial esequiba, a partir de 1999.

Se encuentra un ensayo breve e inédito sobre el río Orinoco, probablemente descolocado, pero este ha sido, justamente, el foco de las ambiciones que tuvieron su primer desenlace durante el proceso arbitral en París y que, como lo he señalado, se desprenden desde antes de la Independencia de Venezuela. Las animó, paradójicamente, el edecán predilecto del Padre de la Patria, Simón Bolívar. Una vez transformado en representante consular de la Corona británica en Caracas al iniciarse nuestra vida republicana a partir de 1830, le hace ver a su gobierno, el de Londres, sobre la importancia de que domine, con exclusión de cualquier otra potencia, en esa arteria vital si desean asegurarse algún poder en América del Sur.

GUYANA, PIEZA DEL CHAVISMO

A guisa de conclusión puedo observar que, así como el general Gómez censura nuestra indolencia ante la pérdida del Esequibo – explicable luego de quedar hecha hilachas Venezuela tras las guerras fratricidas que le dieron independencia a la república pero no libertad a la nación, buscando alcanzar su forja en medio de las pasiones y luchas revolucionarias del siglo XIX – llegado el año 2004, premiados por el azar del Acuerdo de Ginebra de 1966, Hugo Chávez Frías decide comprometer nuestra reclamación territorial para sobreponerle razones ideológicas y ambiciones geopolíticas preferentes. Otro delirio más.

Sus palabras están inscritas y no pueden borrarse de los documentos oficiales (*Taller de Alto Nivel, "El nuevo mapa estratégico"*, 12 y 13 de noviembre de 2004, Intervenciones del presidente de la República):

> "Ahí está también Guyana. Por razones geopolíticas y del reclamo territorial, nosotros hemos estado siempre lejos de ese país, pero Guyana es un pueblo hermano, es un pueblo subdesarrollado, y hay un gobierno allí que pudiera ser un gran aliado. Nosotros no vamos a desistir de nuestra reclamación, pero no podemos esperar a que se solucione esa reclamación, no hay nada en el horizonte que indique que se va a solucionar en el corto plazo o en el mediano plazo; … Gobiernos de extrema derecha, subordinados a Washington, nos quisieron empujar a una guerra con Guyana, cuando en Guyana mandaba Forbes Burnham, para tratar de quebrar el movimiento socialista guyanés… Tenemos que atraer a Guyana", ajusta.

OTRA VEZ EN CERO, ¡ENHORABUENA!

Como si la Providencia no hubiese generosa con nosotros, al aceptar la Corte Internacional de Justicia su competencia – por instancia que le autoriza el secretario general de la ONU con base en el Acuerdo de Ginebra de 1966 – tuvo el cuidado de señalar, en su sentencia del 18 de diciembre de 2020, que no conocerá de hechos posteriores a la firma de ese instrumento internacional.

Otra vez estamos en cero, sólo debatiendo la nulidad o no de lo ocurrido en París hace 125 años, bajo el paraguas del Derecho internacional y no de las balas. Las concesiones dadas a Guyana por la revolución bolivariana (1999-2023) son, en la práctica y enhorabuena, irrelevantes para los jueces.

"El Acuerdo de Ginebra reabre el caso de la Guayana Esequiba ofreciendo a Venezuela una oportunidad, como nunca tuvo antes, para hacer valer sus derechos y conseguir la reparación del daño que nos causara el doloroso Laudo de París", recuerda ante el Congreso de 1966 el presidente Leoni. Su palabra se actualiza y es bienvenida. Nos esperan en La Haya, a los venezolanos.

Condado de Broward, 20 de noviembre de 2023

El falso dilema guyanés-venezolano: Arreglo satisfactorio vs. solución judicial

"No creo de ningún modo en la liga de Francia y España, y tenemos documentos que prueban lo contrario. Creo sí que los ingleses están resueltos a protegernos a todo trance... Los comisionados ingleses que han llegado hasta Santa Marta nos han asegurado que seremos prontamente reconocidos... La España no puede hacer nada porque no tiene marina ni ejército ni dinero para nada, y todo lo que pueda se atribuirá a la Francia y se combatirá por lo mismo como usurpación extraña y opuesta a Inglaterra y la libertad". *Simón Bolívar*, 1824

"Ratificar los sentimientos anticolonialistas que nos animan como venezolanos y nuestra firme resolución de apoyo al pueblo de la Guayana Británica en su lucha por la independencia, ... recomendar al Gobierno Nacional que, en caso de ser agotadas todas las gestiones diplomáticas sin obtener solución positiva sobre la reclamación planteada, proceda a la aplicación de las más enérgicas sanciones económicas sobre bienes y propiedades de súbditos ingleses que existan en el país". *Declaración Bolívar de las Asambleas Legislativas de Venezuela*, 15 de febrero de 1966

Preliminar

El 28 de marzo de 2018 planteó la República Cooperativa de Guyana una demanda contra la República Bolivariana de Venezuela ante la Corte Internacional de Justicia (CIJ), cuya competencia esta no acepta a pesar de las excepciones que opone en el caso – al inicio de manera oblicua y sin hacerse parte ante el Tribunal pero entregando, eso sí, un memorándum de desconocimiento[1] y luego, paradójicamente, participando y de suyo reconociendo a la Corte en dos oportunidades: al excepcionar dada la ausencia de Gran Bretaña como parte del Acuerdo de Ginebra, después al responder el pedido guyanés de medidas cautelares a propósito de la consulta popular que esta promovió y realizó el pasado 3 de diciembre. Lo cierto es que el tribunal se declaró competente para conocer y ese el dato objetivo y la realidad inexorable que se le impone a las partes, incluso al gobierno de Nicolás Maduro que se sitúa en el plano de la contumacia.

---

[1] Habiéndose reunido el presidente de la Corte con las partes, el 18 de junio de 2018 a propósito de la demanda interpuesta, la vicepresidenta ejecutiva de Venezuela expresó que no reconocían la competencia de la Corte y consignó una comunicación al respecto suscrita por el presidente venezolano. Mas, sucesivamente, no habiendo presentado su contra memoria en el procedimiento y debate previo sobre la competencia de la misma Corte y anunciándole el 10 de febrero de 2020 que tampoco participaría en el procedimiento oral, consignó esta – incluso mediando el desconocimiento – un "Memorándum de la República Bolivariana de Venezuela sobre la demanda consignada por la República Cooperativa de Guyana", el 28 de noviembre de 2019.

Decidió conocer la CIJ mediante el dictado de su sentencia de 18 de diciembre de 2020 y lo hizo con relación a un objeto preciso, que reza en sus distintas decisiones y ordenanzas hasta el presente:

"Un diferendo concerniente a la validez jurídica y al efecto vinculante de la sentencia arbitral de 3 de octubre de 1899 relativa la frontera entre la colonia de la Guyana británica y los Estados Unidos de Venezuela".

Los párrafos pertinentes de la última ordenanza de la Corte, dictada el 1º de diciembre de 2023 y relacionada con las medidas de conservación solicitadas por Guyana y antes mencionadas, bastan y son ilustrativos de la cuestión dilemática que abordaremos:

"1. Mediante solicitud presentada en la Secretaría del Tribunal el 29 de marzo de 2018, el Gobierno de la República Cooperativa de Guyana (en adelante "Guyana") inició un procedimiento contra la República Bolivariana de Venezuela (en adelante "Venezuela") respecto de una controversia relativa "la validez jurídica y efecto vinculante del laudo arbitral de 3 de octubre de 1899 relativo al Límite entre la colonia de la Guayana Británica y los Estados Unidos de Venezuela.

"2. En su solicitud, Guyana pretendía establecer la competencia de la Corte, en virtud del párrafo 1 del artículo 36 del Estatuto de este último, en el párrafo 2 del artículo IV del "acuerdo para la solución de la controversia entre Venezuela y el Reino Unido de Gran Bretaña e Irlanda del Norte relativa a la frontera entre Venezuela y la Guayana Británica", firmado en Ginebra el 17 de febrero de 1966 (en adelante el "Acuerdo de Ginebra")[2]

"3. El 18 de junio de 2018, Venezuela presentó una carta a la Corte en la que afirmó que claramente no tenía competencia e indicó que, por lo tanto, había decidido no participar en el procedimiento.

"4. Mediante auto de 19 de junio de 2018, la Corte consideró, de conformidad con el párrafo 2 del artículo 79 del Reglamento de 14 de abril de 1978, modificado el 1 de febrero de 2001, que, en las circunstancias del caso, primero era necesario resolver la cuestión de su competencia y que, en consecuencia, debía pronunciarse por separado, antes de cualquier procedimiento sobre el fondo, sobre esta cuestión.

"5. Mediante sentencia de 18 de diciembre de 2020 (en adelante la "sentencia de 2020"), la Corte dijo:

"1) que tiene competencia para conocer de la solicitud presentada por la República Cooperativa de Guyana el 29 de marzo de 2018 en lo que se refiere a la validez del laudo arbitral del 3 de octubre de 1899 y la cuestión relacionada con la solución definitiva de la controversia relativa a los límites terrestres entre la República Cooperativa de Guyana y la República Bolivariana de Venezuela; [y]

---

[2] No. 8192, *Nations Unies. Recueil des Traités*, 1966, p. 323.

2) que no tiene competencia para conocer de las solicitudes de la República cooperativa de Guyana que [se basaban] en hechos ocurridos después de la firma del Acuerdo de Ginebra" (Laudo arbitral del 3 de octubre de 1899, *Guyana vs. Venezuela, Competencia de la Corte*, sentencia, I.C.J. Reports 2020, p. 493, párr. 138)".

La CIJ discierne, con precisión, sobre los dos aspectos a los que entiende atado su conocimiento como tribunal de Derecho, a saber: (a) "La validez [o no] de la sentencia arbitral..." y (b) la cuestión conexa sobre la solución definitiva del diferendo concerniente a la frontera terrestre entre Guyana y Venezuela".

Cabe de pertinente, entonces, clarificar, yendo a las fuentes, la cuestión que nos interesa, a saber, el empeño sostenido por Venezuela – de relevancia política, pero sin efecto alguno sobre la realidad jurídica internacional en curso – y tal como se insiste en dos de las preguntas[3] - la segunda y la tercera – contenidas en la consulta popular que se realizara el pasado 3 de diciembre; una, en cuanto a que, por imperativo del Acuerdo de Ginebra suscrito entre las partes el 17 de febrero de 1966 (Venezuela y el Reino Unido de la Gran Bretaña e Irlanda del Norte, "en consulta" con el gobierno de la Guayana Británica) lo admisible y que se ha de alcanzar es "una solución práctica y satisfactoria para Venezuela y Guyana, en torno a la controversia sobre el territorio de la Guayana Esequiba"; dos, de suyo y como

---

[3] Las cinco preguntas de la consulta popular, no vinculante según lo estipula el artículo 71 de la Constitución venezolana, fueron aprobadas por el Consejo Nacional Electoral el 23 de octubre de 2023.

lo señalaría la "posición histórica de Venezuela", a esta le resulta incongruente "reconocer la jurisdicción de la Corte Internacional de Justicia para resolver la controversia territorial sobre la Guayana Esequiba.

¿De dónde emerge esta perspectiva que busca mineralizarse en la opinión pública, que es cabalmente errónea y que, al cabo y por lo mismo, no fue aceptada la Corte de La Haya?

No pocos insisten en lo indiscutible de la mencionada perspectiva, por sólo apalancarse en la lectura textual o literal de dos afirmaciones del Convenio ginebrino: "la controversia entre Venezuela y el Reino Unido sobre la frontera con Guayana Británica", reza el preámbulo del Acuerdo y el artículo I, "buscar soluciones satisfactorias para el arreglo práctico de la controversia". Y al descontextualizárselas, ora se omiten las disposiciones del numeral (1) y (2) del artículo IV, ora se las interpreta como sujetas para su aplicación a la precedente premisa. Brevemente, estas disponen lo que sigue:

> "Dichos gobiernos escogerán sin demora uno de los medios de solución pacífica previstos en el artículo 44 de la Carta de las Naciones Unidas... Si ... no hubieren llegado a un acuerdo respecto de la elección ... referirán la decisión sobre los medios de solución a un órgano internacional apropiado que ambos Gobiernos acuerden, o de no llegar a un acuerdo sobre este punto, al secretario general de las Naciones Unidas".

Para responder la pregunta y solucionar el entuerto cabe tener muy presente, entonces, aquello que – olvidado por los que hacen política de trincheras o sitúan sus análisis jurídicos y políticos sólo en el marco del Derecho interno y constitucional – argumentaron y precisaron con meridiana lucidez los negociadores del Acuerdo de Ginebra de 1966, antes de su conclusión y firma y después durante su aprobación.

Téngase presente que la hermenéutica de los acuerdos y tratados internacionales, por su propia naturaleza, exige que sean analizados e interpretados a la vez y de conjunto en lo literal, en lo contextual y en lo teleológico, es decir, con vistas a sus propósitos y finalidades. Sirven al efecto el texto del documento, contextualizado y con miras a sus circunstancias, sin mengua de los objetivos que persigue cada parte; y para confirmar la interpretación así alcanzada valdrán los trabajos preparatorios que, si bien resultan de ordinario caóticos, o son confidenciales o no determinantes por ser ejercicios de negociación, ayudan para confirmar las exégesis y conclusiones alcanzadas, salvando siempre el efecto útil del tratado para no banalizarlo.

En otras palabras, sólo pueden considerarse los términos del Acuerdo de Ginebra a la luz de lo dicen los términos de su texto, desde la óptica de su proceso de construcción histórica – la memoria de sus debates es fundamental – y en el marco de las prácticas adelantadas para su realización; y, al término, evitando la parálisis de sus normas o llevándolas hasta el absurdo, a costa de su finalidad.

Un ejemplo de lo último, que quedará resuelto a lo largo de esta exposición, es la aporía a cuyo tenor se considera posible resolver amigablemente un conflicto entre partes y demostrada imposibilidad pedir a un tercero que resuelva, pero exigiéndosele que lo resuelto por él sea aprobado amigablemente por las mismas partes irreconciliables.

43

No olvidamos que, tanto para Platón como para Aristóteles – enseña Derrida – la aporía es el primer paso o momento de la investigación filosófica. "Para el escepticismo, con mayor precisión, para Sexto Empírico, la aporía no muestra una falla, una carencia, sino que es el estado normal del filósofo que no puede elegir entre las tesis opuestas que les son propuestas".[4] Mas debo decir, como adelanto, que la resolución de esta antinomia, en el caso que nos ocupa, fue el milagro del Acuerdo de Ginebra de 1966.

De modo que, sólo una cuidadosa relectura de los acontecimientos y actos previos al Acuerdo y de las afirmaciones de sus negociadores – de modo preferente lo que quisieron decir y buscaron hacer entender a su contraparte y como interpretación unilateral auténtica – tanto como lo acontecido en la fase inmediata de implementación del Acuerdo de Ginebra, es lo que nos dará la clave para la comprensión de sus normas según el principio de la «buena fe». Además, esa lógica interpretativa compleja es la que, asimismo, impide el absurdo antes citado, es decir, el que en búsqueda de una solución se encalle el mismo Acuerdo en un camino circular y sin destino que fracture el otro principio de Derecho internacional inexcusable, el del «efecto útil».

Quizás sirva de síntesis o resumen de lo anterior, dentro de su significación técnico-jurídica, lo prescrito desde la doctrina por Ngyuen Quoq Dinh (†):

---

[4] Carlos Contreras G., *Jacques Derrida: Márgenes ético-políticos de la deconstrucción*, Santiago de Chile, 2010

"Necesitados de despejar las susceptibilidades nacionales de los Estados parte y soberanos en un litigio, jueces y árbitros deben guiarse por las reglas mencionadas de manera de poder confirmar la interpretación a las que les conduzca dicho método [complejo, literal, histórico-contextual y finalista] de disposición de uno y de otro camino [a la vez]".

Así, por ejemplo, tal como lo agregan los colaboradores de Dinh, actualizándolo, "el Tribunal Arbitral que el 9 de diciembre de 1978 decidió sobre *La interpretación del Acuerdo Franco-Americano sobre Transporte Aéreo Internacional*, lo primero que hizo fue "examinar los términos del acuerdo...[y] en ausencia de una respuesta clara fundada únicamente sobre los términos, el Tribunal revisó el conjunto de las disposiciones del acuerdo; enseguida revisó las conclusiones a que llegaba por tal camino, teniendo en cuenta, a la vez, el contexto general... dentro del que fue negociado el acuerdo y la práctica de las partes relativas a su aplicación".[5]

I. SUS ANTECEDENTES

No es del caso volver atrás, para recordar como lo hiciésemos a lo largo del siglo XIX venezolano y antes del dictado de Laudo Arbitral de París que nos despoja del territorio todavía en reclamación, acerca de que la vía arbitral – la solución conforme a Derecho – fue presentada repetitivamente a la Gran Bretaña por nuestros negociadores, Alejo Fortique y el Marqués de Rojas; sin mengua de que ambos se avinieron en la opción

---

[5] Ngyuen Quoc Dinh et al., *Droit international public*, Paris, LGDJ, 2009

transaccional, el arreglo político amigable rechazado en ambos casos por los respectivos gobiernos venezolanos. Vale, al respecto y por su interés histórico, el ensayo que fue astrolabio de nuestro libro reciente *La cuestión del Esequibo* (2023). Me refiero al texto seminal de Enrique Bernardo Núñez.[6]

Lo primero que debo reseñar[7] es que, a propósito de plantearse en Naciones Unidas la independencia de la Guayana Británica, el embajador venezolano Carlos Sosa Rodríguez, en su intervención del 22 de febrero de 1962 ante la Cuarta Comisión de la ONU, subrayó sobre nuestra perspectiva estrictamente jurídica para denunciar el atropello del Laudo con el que se nos arrebató un territorio de 50.000 millas cuadradas de las que sólo se nos conservaron unas 5.000:

"... el Laudo fue el resultado de una transacción política [entre los jueces] que se hizo a espaldas de Venezuela sacrificando sus legítimos derechos. La frontera fue trazada arbitrariamente, sin observar para nada, ni las reglas específicas del compromiso arbitral, ni los principios del Derecho internacional aplicables al caso".

---

[6]   *Tres momentos en la controversia de límites de Guayana*, Caracas, Imprenta Nacional, 1962

[7]   Tendremos a mano, para lo sucesivo, las fuentes siguientes: *Reclamación de la Guayana Esequiba*, Documentos 1962-1966; ídem, Documentos 1962-1981; ídem: *Vencimiento de Protocolo de Puerto España. Los procedimientos del Acuerdo de Ginebra*, Caracas, MRE

El mismo año, el 12 de noviembre, el canciller de Venezuela durante la administración del presidente Rómulo Batancourt (1959-1963), Marcos Falcón Briceño, reitera lo afirmado por el embajador Sosa Rodríguez ante la Comisión Política Especial – presidida por Leopoldo Benites (Ecuador) – del 17ª Período de Sesiones de la Asamblea General de la ONU[8]:

"Para nosotros ese laudo no tiene validez, no ha existido y, por lo tanto, nada puede convalidar lo que nunca existió. Esa es nuestra tesis... Hubo una componenda por la cual tres jueces, que tenían la mayoría, dispusieron del territorio de Venezuela, porque los dos jueces británicos no estaban actuando, como dice Harrison [abogado de Venezuela y expresidente de Estados Unidos], como jueces, sino que lo hacían como hombres de gobierno, como abogados. Y en todo eso se estaba comprometiendo el destino de un país arrebatándole lo más importante de su soberanía: el territorio".

Tras esto Falcón Briceño precisa que el asunto lo planteó Venezuela en 1950 al conocerse el Memorándum de Severo Mallet-Prevost, abogado que acompañaba al general Harrison para nuestra defensa. Se trataba de su testamento póstumo, abierto al fallecer y en el que deja constancia del fraude de París y la colusión habida entre

---

[8] "Cuestión de límites entre Venezuela y el Territorio de la Guayana Británica" (tema 88), en Asamblea General, *Documentos oficiales, Decimoséptimo Período de Sesiones*, Suplemento No. 17 (A/5217), Nueva York, Naciones Unidas, 1963

47

sus jueces; dado lo cual el gobierno venezolano hizo una reserva en la IV Reunión de Cancilleres en 1951, luego repetida en 1954.

"Por eso, deseosa de resolver amistosa y definitivamente esta cuestión espinosa, Venezuela ha considerado oportuno explicar las razones por las cuales no puede reconocer la validez de un laudo dictado de espaldas al Derecho", precisa el canciller.

Le abre así el compás del dilema que nos ocupa y a la vez lo cierra. ¿Cabe resolver amistosamente sobre la validez de un laudo contrario a la legalidad internacional?

Sea lo que fuese, lo logrado en sede de la Comisión Política Especial de la ONU lo explica su presidente en la declaración del 16 de noviembre de 1962:

"Como resultado de las conversaciones que han tenido durante los últimos días [Venezuela y el Reino Unido] a propósito de *la cuestión de límites entre Venezuela y la Guayana Británica*, han convenido, actuando el primero de los gobiernos nombrados en completo acuerdo con el de la Guayana Británica, en que los tres gobiernos examinarán la documentación en poder de todas las partes y relativa a este asunto" (Cursivas nuestras).

Sucesivamente, así como Venezuela y su canciller le hacen llegar a la Gran Bretaña el Memorándum suscrito por este en Londres el 5 de noviembre de 1963, preparado por la Oficina Especial para la Cuestión de Límites con la Guayana Británica del Ministerio de Relaciones Exteriores con vistas a los nuevos papeles conocidos y que dan cuenta de lo ocurrido con el Laudo Arbitral de Paris, lamentó que sólo se les hubiese permitido acceder a los archivos del *Foreign Office*. E hizo precisa enunciación de los vicios acusados por el laudo que le irrogaron un "daño moral y legal" a la nación venezolana.

Se trató de un primer abrebocas, pues tras esa reunión de Londres se convino en la visita a Caracas del experto británico, tras la cual ambas comisiones de expertos presentarían sus informes.

El informe venezolano, de 18 de marzo de 1965, elaborado con rigor y firmado por los sacerdotes jesuitas Hermann González Oropeza y Pablo Ojer, enuncia los títulos históricos de Venezuela; describe el curso de la controversia anglo-venezolana a partir de 1840 – cuando la primera línea del prusiano Schomburgk que, en 1835 fija en el Esequibo los límites de la Guayana Británica, es modificada para incorporarle partes del territorio venezolano dando lugar al Acuerdo de *statu quo* de 1850[9]; analiza el tratado arbitral de 1897 procurado por Estados Unidos para resolver el diferendo; vuelve sobre los vicios acusados por el laudo de París (como atribuirle carácter jurídico a una línea adulterada artificialmente por Gran Bretaña, la del mapa Hebert de 1842; su falta de motivación; el exceso de poder; el desapego a las normas del Tratado arbitral; el carácter no jurídico sino de "compromiso por extorsión"); y para finalizar, la enumeración de las acciones sostenidas de cuestionamiento por Venezuela a partir del mismo año de 1899 hasta 1960, cuando se visualiza el cambio de estatus colonial de la Guayana Británica.

---

[9] Venezuela y Gran Bretaña se comprometen a no ocupar el territorio disputado

El intercambio de los informes tuvo lugar el 3 de agosto de 1965, pero motivó la importante comunicación que le dirige a la Corona el embajador venezolano, Héctor Santaella el 7 de septiembre de 1965. Aquella, en nota de la primera fecha hace saber que su deseo no es "entrar en conversaciones que afecten el fondo del asunto de los límites entre Venezuela y la Guayana británica".

Santaella le contesta, claramente, que Venezuela no ha venido "persiguiendo un simple interés de investigación histórica ni por satisfacer inquietudes académicas", pues era claro que no reconocía "el Laudo Arbitral de 1899 como arreglo final y definitivo de su controversia con el Reino Unido".

He aquí lo relevante de la nota diplomática: Planteó a los ingleses "la rectificación de la injusticia de que fue víctima Venezuela ... y [que] se llegue a una solución que tome en cuenta los intereses legítimos de nuestro país y los de la población de la Guayana británica". ¿Se trata de la solución práctica, negociada y recíprocamente satisfactoria que hará parte del proceso en Ginebra, una vez llegado el año 1966?

Así como Inglaterra ve consumada e irreversible la cuestión sobrevenida con el Laudo, que Venezuela reputa de nulo de toda nulidad, es decir, lo estima de inexistente, ¿sugiere la nota de Santaella, aquí sí, que se considere ya no la cuestión de la nulidad del laudo sino una solución que satisfaga a Venezuela y a Guyana? ¿Significa ello una suerte de regreso a la hipótesis transaccional manejada por Fortique y Rojas en sus momentos y antes comentada?

No creemos que sea esta la idea predominante, pero los signos no logran transparentarse para esa fecha, acaso por la misma complejidad del proceso negociador en avance.

Ignacio Iribarren Borges, ministro venezolano de relaciones exteriores, antes bien y al dirigirse a la nación el 16 de septiembre de 1965 precisa que "al reclamar la Guayana Esequiba exigimos la devolución de lo que es nuestro", a saber y según los documentos históricos y el mismo principio del *uti possidetis iuris* puesto de lado por los árbitros de París, la porción territorial del oriente que limita con el río Esequibo. Ya, en ese momento, Venezuela protesta "las supuestas concesiones de exploración petrolera otorgadas por el gobierno de Guayana británica".

Ajusta Iribarren, radicalmente y de seguidas, que "la integridad de la Patria es indivisible y sus derechos territoriales son imprescriptibles", para advertir lo que es el juicio firme e irrefrenable de la administración que representa, la de Raúl Leoni, en vísperas de la independencia guyanesa, y de clara portada jurídico-normativa:

"Menguado sentido del Derecho tiene quienes piensan que al izarse la enseña de la independencia *al otro lado del Esequibo,* debe arriarse de esta otra parte la bandera de nuestra justa reclamación".

En la XX Asamblea General de la ONU, apelando al discurso presidencial, que hace suyo, declara a propósito del laudo de 1899 y dice que "fue un fallo írrito, es decir, que no tiene existencia jurídica"; pero añade, como desiderátum, "la solución justa de este viejo problema territorial", es decir, "una solución efectiva y a tiempo".

¿Devolución de lo nuestro, dado el fallo írrito, pero a través de una solución justa, para Venezuela, para ambas naciones en controversia? ¿Otra aporía?

El 2 de noviembre de 1965, el embajador Santaella, después de señalarle a la Corona "que, por su vecindad geográfica, están los dos países llamados a consolidar una perdurable amistad que redundará en provecho mutuo", reitera "la voluntad venezolana de lograr una solución amistosa del problema"; pero insiste y cierra su misiva recordándole a la Corona que la independencia guyanesa no podrá afectar los "derechos territoriales irrenunciables e imprescriptibles que a Venezuela legítimamente corresponden en la Guayana Esequiba".

El tránsito final hacia la adopción y firma del Acuerdo de Ginebra marca dos hitos finales y de relevancia. Uno, el rechazo frontal del canciller Iribarren Borges del 9 de diciembre de 1965 al informe de los expertos británicos – "sus conclusiones son totalmente inaceptables" – luego de eludir estos dar respuesta a las cuestiones clave que justificaban la investigación pactada en sede de la ONU en 1962, a saber, la adulteración de los planos presentados por la Corona al Tribunal Arbitral; los documentos que prueban las instrucciones que esta giraba a los jueces británicos durante el proceso en París; que antes y luego de la negociación para que se reconociese como Estado a la Gran Colombia esta fijó sus límites orientales en el río Esequibo; y que sentenció el tribunal arbitral excluyendo al Derecho, con total desapego – a pesar de no serles favorables a Venezuela sus normas, pactadas en su ausencia – a lo previsto en el Tratado de Arbitraje constitutivo del tribunal y firmado en Washington en 1897.

En esa oportunidad Iribarren fija el alcance de lo que llama "solución satisfactoria al problema fronterizo", a saber "la devolución del territorio que en derecho le pertenece" a Venezuela. De donde, lo procedente y que habrían de resolver las partes, por ende, era "la fijación de la frontera legítima". Ni más, ni menos.

Así las cosas, de la reunión sostenida durante dicho día y el siguiente, 10 de diciembre, ambas partes – como consta del Comunicado Conjunto que adoptaran este último día y que igualmente endosa el primer ministro de la Guayana Británica, L. Forbes S. Burham – se avinieron sobre la agenda que pondría punto final a las conversaciones iniciadas en 1963. La misma hubo de ser reconfirmada el 8 de febrero de 1966, dado un escollo provocado por funcionarios británicos y que luego enmiendan el gobierno de Su Majestad y su embajador en Caracas.

Planteada la realización de la conferencia en Ginebra, el *Foreign Office* habría declarado que "no se discutirá el reclamo venezolano" sobre la Guayana Esequiba; lo que sería contrario a la agenda pactada el 1° de diciembre y confirmada por el comunicado conjunto sucesivo antes citado y a su compromiso, justificativo y razón de ser de dicha agenda, como lo es "buscar soluciones satisfactorias para el arreglo práctico de una controversia". ¿Y cuál sería dicha solución?, lo aclara y precisa la cancillería venezolana en su *Aide Memoire* del 4 de febrero de 1962, que reza así:

"Nuestros dos países se han comprometido a buscar soluciones *a la controversia entre Venezuela y el Reino Unido sobre la frontera* con la Guayana Británica" (Cursivas nuestras).

El 8 de febrero de 1966, el subsecretario de Estado parlamentario de relaciones exteriores británico niega la veracidad de lo declarado por el *Foreign Office* y ratifica que "la agenda para la reunión de Ginebra permanece igual de acuerdo con lo convenido en el Comunicado Conjunto de 10 de diciembre de 1965". A su vez, la cancillería venezolana comunica, en la misma fecha, haber recibido el ministro de relaciones exteriores la manifestación del embajador del Reino Unido, Sir Anthony Lincoln, en cuanto a que "habían sido mal transcritas" las declaraciones de Lord Walston, subsecretario de Estado para asuntos extranjeros.

Ambos ratificaron en su plenitud el contenido del Comunicado Conjunto, a saber, la agenda convenida para la reunión de Ginebra, que en lo general trata de "las conversaciones gubernativas concernientes a la controversia… sobre la frontera con la Guayana Británica, y en lo particular se concreta en el compromiso de "buscar soluciones satisfactorias para el *arreglo práctico de la controversia que ha surgido como resultado de la contención venezolana de que el Laudo de 1899 es nulo e írrito*", tal como lo precisa el numeral 2 del orden convenido (Cursivas nuestras).

A tenor del numeral 4 de la citada agenda, para la conferencia de Ginebra las partes han de hacer "determinación de plazos para el cumplimiento de lo que se acuerde respecto de los puntos 1, 2 y 3 anteriores"; el numeral 1, sobre la "necesidad de resolver la disputa" a la luz de los "informes de los expertos sobre el examen de documentos", y el 3, "sobre planes concretos de colaboración en el desarrollo de la Guayana Británica".

En suma, el debate sobre los informes del numeral 1, tal y como lo confirma el rechazó que del elaborado por los expertos británicos hizo el canciller venezolano, tiene relación directa con la cuestión o no de la nulidad del Laudo Arbitral de París. Tanto es así que, debido a las interrogantes que no ve resueltas Iribarren Borges, alega que no cumplió Gran Bretaña con la promesa de que "pondría a disposición de Venezuela la documentación y estudios que la persuadirían de que no había justificación para «reabrir» el problema de límites".

Como lo confirma el comunicado conjunto del 7 de noviembre de 1963, lo que se revisaba, para reabrir o no la cuestión, era, justamente, "el material documental pertinente al Laudo Arbitral de 1899", a fin de demostrar su carácter írrito e inaceptable. El mismo informe de los padres González Oropeza y Ojer, justamente se centra en ello, en demostrar la nulidad de lo sentenciado en París.

El numeral 2 parte "de la contención venezolana de que el Laudo de 1899 es nulo" y, acaso, el numeral 3, sobre las relaciones de cooperación, se explicaría en el interés de Venezuela de ofrecer una fórmula que compense a la Guyana independiente tras la esperada aceptación por esta del carácter nulo e ineficaz del mencionado laudo; visto, sin lugar a dudas, que "la solución satisfactoria" – tal como la entiende Iribarren Borges – ha de significar la reintegración a Venezuela "del territorio que en derecho le pertenece" y que, a la luz de sus títulos históricos y el alegado *uti possidetis iuris* tiene por límite al río Esequibo.

El 17 de febrero de 1966, Venezuela, el Reino Unido y la Guayana Británica, anuncian haber suscrito el Acuerdo de Ginebra, reconociendo que, luego del "intercambio de ideas y propuestas para el *arreglo práctico* de los problemas pendientes" [a saber, los antes enumerados y que tienen como ancla el desacuerdo sobre la nulidad del laudo de París de 1899 y sus efectos] todas las partes se han avenido alrededor de "un acuerdo cuyas estipulaciones permitirán llegar a la solución definitiva de estos problemas".

¿Cuáles son esos problemas o cuestiones, según el orden desarrollado por estas a partir de 1963?

En primer lugar, la concordancia o no en cuanto a si los documentos manejados por los expertos demuestran o no el carácter nulo e inexistente del Laudo Arbitral de París y, en la hipótesis última, "buscar soluciones satisfactorias para el arreglo práctico de la controversia que ha surgido como resultado de la contención venezolana de que el Laudo de 1899 es nulo e írrito".

Adoptado el Acuerdo y en ejecución ocurre una inversión lógica del orden de la agenda de negociaciones convenida e interpretado aquel, como debe ser, de buena fe – afincado sobre los contenidos del proceso de negociación y en los términos objetivamente explicitados – y, si se tiene presente que, paralizada como se encontrase en su experiencia la primera fase inicial prevista, a saber y como lo indica su artículo I: "una Comisión mixta con el encargo de buscar soluciones satisfactorias para el arreglo práctico de la controversia...", la decantación al plano judicial termina siendo forzosa. Y al cabo, se impone la tesis original venezolana sobre el debate que ha de resolverse y es de fondo, el de la nulidad del laudo arbitral de 1899. No lo cierra el mismo Acuerdo, como algunos creen al afirmar que habiendo aceptado las contrapartes – el Reino Unido y la Guayana británica – la existencia de la contención venezolana nacida de su invocación de tal nulidad, lo que quedaría por resolver amigablemente es un nuevo trazado fronterizo o la propuesta del desarrollo conjunto adelantada por los ingleses.

II.   SOLUCIÓN PRÁCTICA VS. SOLUCIÓN JURÍDICA

¿Eran el objeto de las negociaciones y lo es del mismo Acuerdo de Ginebra, entonces, debatir y concluir sobre la nulidad o invalidez o no del Laudo Arbitral de París de 1899? O bien, ¿acaso, adoptado y firmado aquél se ha de dar por aceptada la nulidad del Laudo Arbitral de 1899, de donde su propósito se habría de reducir al encuentro de una solución amigable y satisfactoria sobre la fijación de la frontera terrestre entre Venezuela y la entonces Guayana Británica?

Lo primero de observar es que si atendemos sólo al título del Acuerdo de Ginebra y lo hacemos de un modo contrario a lo que indican los principios del Derecho internacional al igual que las normas consagradas por la Convención de Viena sobre el Derecho de los Tratados acerca de la interpretación de estos[10], cualquier lector

---

[10]   "La Corte recuerda que, conforme al Derecho internacional consuetudinario, tal como lo expresa el artículo 31 de la Convención de Viena sobre Derecho de los Tratados de 23 de mayo de 1969, un tratado debe ser interpretado de buena fe a la luz del sentido ordinario que deba atribuirse a sus términos, en el contexto de estos y según su objeto y finalidad. Y de acuerdo con el artículo 32 siguiente, puede apelar la Corte a los medios complementarios de interpretación, particularmente a los trabajos preparatorios y circunstancias dentro de las que fuera concluido el respectivo tratado, a fin de confirmar el sentido de lo obtenido en conformidad con el artículo 31 citado" (Affaire

desprevenido entenderá que el acuerdo busca "resolver la controversia…sobre la frontera" como algo pendiente y no resuelto entre las partes.

Sólo abundando sobre su título y estimando que lo ha precisado en su significación el canciller Iribarren Borges ante el XXI Período de Sesiones de la Asamblea General de la ONU, el 30 de septiembre de 1966, al hablar de "la controversia territorial existente", podría llegarse a la referida y simple conclusión anterior. Pero el propio canciller venezolano muestra en su intervención ante el Congreso venezolano al solicitarle la aprobación del Acuerdo de Ginebra, la complejidad del "camino a la solución pacífica de la controversia". Observa ante su audiencia que – e imaginando la probabilidad de la hipótesis que al efecto contempla el Acuerdo, la de la frustración de las negociaciones planteadas prima facie – le ha sido atribuida "una función de gran importancia a las Naciones Unidas a través de su secretario general".

Les informa a los congresistas que, sin lugar a duda y con vistas a lo último, se han dado ya dos reuniones, una en Caracas y otra en Georgetown, de la Comisión Mixta, a saber y como cabe repetirlo, la contemplada en el artículo I del acuerdo y encargada ésta de "buscar soluciones satisfactorias para el arreglo práctico de la controversia". ¿Cuál? No es difícil discernirlo, pues se trata de que resuelva por vía consensual sobre los puntos y el orden fijados desde antes en la agenda aprobada y que le da sentido y finalidad a lo acordado en el Lago de Leman, la

---

Mur en Palestine: Conséquences juridiques de l'edification d'un mur dans le Territoire palestinien ocuppé, Avis consultatif du 9 juillet 2004, CIJ, párr. 94)

del Comunicado Conjunto del 10 de diciembre de 1865, ratificada el 8 de febrero de 1966. Tenía libertad para abordar el conjunto de las cuestiones, en su orden o como bien lo dispusiese.

Al cabo, lo vertebral para resolver la aporía que nos ha ocupado, sin que se tamicen interesadamente o de mala fe sus palabras, es saber cuál fue el alcance, léase la interpretación auténtica que al texto y los términos del Acuerdo de Ginebra suscrito les otorgó Venezuela; de los que, por ende, mal podrá separarse el exégeta y son constantes en la exposición de motivos de su presentación ante el Congreso de la República y su sucesiva ratificación.[11]

COMIENZOS DE LA NEGOCIACIÓN BILATERAL

En sus partes pertinentes e iniciales dice Iribarren Borges lo siguiente:

"No salimos del plano unilateral de nuestra reclamación, hasta que, en noviembre de 1962 mi predecesor en la Cancillería, el doctor Marcos Falcón Briceño, ... logró concertar un acuerdo con Gran Bretaña para realizar un examen tripartito de la documentación... lo que representa el punto de partida

---

[11] La aprobación y ratificación, téngaselo presente, son las formas dispuestas por el Derecho internacional a fin de que la autoridad o autoridades del Estado que detenten las competencias constitucionales para pactar y concluir tratados confirme que lo hecho por su plenipotenciario – a la sazón el canciller Ignacio Iribarren Borges – tiene carácter definitivo y obligatorio, y compromete al Estado de un modo solamente a ejecutarlo de buena fe.

de un largo proceso de carácter bilateral que *conducirá indefectiblemente a la revisión del llamado Laudo de 1899*" (Cursivas nuestras).

"Conviene recordar que el acuerdo concertado en el seno de Naciones Unidas en 1962 tenía por objeto el examen de los documentos, sin que en manera alguna aceptara Gran Bretaña entrar *el fondo del problema: la revisión de la sentencia del Tribunal de 1899*" (Cursivas nuestras).

PRIMERA CONFERENCIA DE LONDRES

En la reunión de diciembre de 1965, reitera Venezuela sobre su propósito: "no íbamos a ir a una conferencia ministerial a ocuparnos de discusiones que no tuvieran por objeto *el fondo del problema: la revisión del llamado Laudo de 1899*" (Cursivas nuestras).

Para reafirmar su conclusión el canciller Iribarren Borges explica así los antecedentes del caso ante el Congreso y en respaldo de esta. Se refiere al *Aide Memoire* de 5 de noviembre de 1963 elaborado para trasladarle a Londres "los argumentos por los que Venezuela rechaza el Laudo de 1899"; en tesis que reiteró luego en las discusiones durante la Primera Conferencia, una vez concluida la primera fase de debate entre los expertos. Recordó que Venezuela hizo público, en 1965, un mapa que incorporó al territorio en reclamación, protestado por el Reino Unido, pero aclarando que sólo se trata de "una expresión gráfica de reiteradas declaraciones formuladas públicamente por la Cancillería".

"Era evidente que Gran Bretaña se mostraba renuente a entrar en discusiones de fondo sobre tan grave asunto. Aparentemente seguía calificando de infundada la reclamación venezolana, y estaba sólo dispuesta a una discusión puramente académica", reza la presentación del Canciller.

La posición británica había sido precisada en estos términos y, en efecto, era el contexto preciso de la controversia:

"Bajo el artículo XIII de este tratado [el firmado en 1897 para la formación del tribunal arbitral], ambas partes se comprometían a aceptar el Laudo Arbitral como un arreglo pleno, perfecto y definitivo. El gobierno venezolano alega que el Laudo de 1899 es inválido… Cuando el asunto surgió en Naciones Unidas más tarde, el representante del Reino Unido insistió en que el asunto era «*res judicata*» y ofreció *proceder a un examen del material de documentación que se refería al Laudo*, de modo de satisfacer a los venezolanos de que no habían sido víctimas de una injusticia" (Cursivas nuestras).

La independencia de Guayana Británica

Entendida la solución satisfactoria, precisamente, como la cabal reintegración del territorio usurpado a Venezuela – fuera de toda discusión y transacción – explica Iribarren Borges la disposición que se adoptó en 1964 por la Primera Conferencia Extraordinaria Interamericana y constante en el Acta de Washington, a saber:

[L]la OEA "no tomará ninguna decisión sobre una solicitud de admisión presentada por una entidad política cuyo territorio esté sujeto, total o parcialmente con anterioridad a la fecha de esta resolución, a litigio o reclamación entre un país extracontinental y uno o más Estados miembros de la Organización de los Estados Americanos".

La tesis, entonces esgrimida por Venezuela y con destino inequívoco, el Reino Unido y para contrabalancear su tozudez, fue la siguiente:

"[É]stos territorios coloniales que ha sido arrebatados a otros Estados, no pueden tener otra forma de descolonizarse que la reintegración al Estado del cual han sido desmembrados".

De modo que, desde la Primera Conferencia, reseña Iribarren Borges, hizo ante los ingleses reserva de los derechos territoriales venezolanos, pues el traspaso de soberanía no podía "generar más derechos que los que posee legítimamente el gobierno que los cede".

Segunda Conferencia de Londres

El Canciller Iribarren Borges de seguidas explica la importancia de haber sido fijada una agenda para las nuevas conversaciones en Londres – lograda por el embajador venezolano Héctor Santaella – permitiendo ello destacar el objeto de estas: "la controversia entre Venezuela y el Reino Unido"; con lo que el debate, tal como lo pretendía el Reino Unido, dejó de ser un ejercicio banal o retórico. Desde allí fue posible, como lo dice el ministro ante los parlamentarios reunidos, abrirle camino a lo vertebral y según el orden fijado para las conversaciones:

"Buscar soluciones satisfactorias para el arreglo práctico de la controversia que ha surgido como resultado de la contención venezolana de que el laudo de 1899 es nulo e írrito".

Así las cosas, refiere este que su primera propuesta – *"la solución satisfactoria... consiste en la devolución del territorio* que en derecho le pertenece a Venezuela" – fue rechazada, ante lo que contrapropuso renunciar a nuestra reclamación con una condición (Cursivas nuestras):

"[C]onvenir por un período que podría discutirse, en una reclamación conjunta del territorio reclamado por Venezuela, previo reconocimiento de nuestra soberanía sobre el mismo".

De buenas a primera podría entenderse que la alternativa última, en cierta forma, anudaba los puntos 1 y 3 de la agenda convenida, a saber, que ante el resultado de la investigación realizada por ambas partes y que, a juicio de Venezuela, le permitía a ella concluir en el carácter írrito del Laudo de 1899, vista la dificultad para avenirse las partes en un debate sobre esta cuestión jurídica lo práctico era avanzar sobre el camino de la cooperación internacional recíproca.

En ese orden, dado el rechazo sistemático a sus planteamientos, el Canciller le abre camino a la fórmula de las etapas y los cometidos diversos según lo indicasen estas en su desarrollo que, al término acogerá el Acuerdo. Y si bien le fue igualmente rechazada *ab initio* por los ingleses, al cabo se concretó como el concepto o columna vertebral y con ajustes durante las negociaciones que dieron lugar al final avenimiento. Así, propone Venezuela, como fases, sujetas a plazos específicos que condujesen a un final fatal: "a) Comisión Mixta; b) mediación; c) arbitraje internacional".

En pocas palabras, o la cuestión se resolvía de manera amigable, en un marco flexible de opciones ante el reclamo territorial planteado por obra de la unilateral afirmación venezolana sobre la nulidad del laudo de 1899 y sus efectos, o la misma volvería al plano de lo adjudicativo o judicial.

A todas estas plantea Inglaterra, como también lo refiere Iribarren Borges, una opción similar a la del Tratado sobre la Antártica de 1959[12], que congeló las reclamaciones territoriales y de soberanía sobre dicha zona – tal como lo hicieron Venezuela y la República Cooperativa de Guyana con el Protocolo de Puerto España de 1970, durante doce años; – a cuyo efecto el territorio antártico quedó sujeto a fines pacíficos, de investigación y cooperación entre los Estados parte como lo indican los artículos del convenio mencionado. Pero Iribarren Borges ripostó a los ingleses que eran situaciones distintas. En el caso de la Antártica no se trataba del territorio perteneciente a una unidad nacional como sí lo es el del Esequibo con relación a Venezuela.

El criterio indicado por el canciller en su discurso es iluminador acerca del objeto y la naturaleza jurídica de la reclamación:

---

[12] El Tratado Antártico está firmado por los 12 signatarios originales (Estados Unidos, Argentina, Australia, Bélgica, Francia, Sudáfrica, Reino Unido, Japón, Noruega, Rusia, Chile y Nueva Zelanda)

"Advertí que Venezuela no podía aceptar que se intentara soslayar el problema jurídico-político de la cuestión fronteriza, para reducirse únicamente a tratar de resolver el problema económico del subdesarrollo de Guayana Esequiba".

El asunto, pues, es desde siempre un problema de legalidad a resolver, luego de lo cual, de forma subsiguiente, podrían abordarse los otros aspectos. Al efecto, acordaron las partes, lo dice Iribarren Borges, celebrar la reunión siguiente en Ginebra, en febrero de 1966, dejando de lado el espinoso punto de la agenda que fuera el más controversial, a saber, el del análisis de los informes de los expertos dedicados a sostener o controvertir sobre la nulidad o no del laudo arbitral de París.

Lo que habría de debatirse, entonces, sería, en primer lugar, el encontrar "soluciones satisfactorias para el arreglo práctico de la controversia"; que es la expresión clave que divide a los intérpretes del Acuerdo de Ginebra de 1996, aún ahora, como para sostener algunos todavía lo que rechazó como interpretación posible la Corte Internacional de Justicia al declararse competente para conocer de la cuestión esequiba.

El sentido de esta expresión-clave y con vistas al encuentro ginebrino, que eventualmente pudo realizarse – con la agenda reducida acordada durante esta Segunda Conferencia – y finalizar con otro comunicado conjunto reiterando la promesa de nuevas reuniones entre las partes, no puede ser interpretada, en lo liminar, sino a la luz de lo alcanzado, a saber, el texto y la metodología pactada con el Acuerdo de Ginebra. Esta es, exactamente, "la solución satisfactoria para el arreglo práctico de la controversia", ajusta Iribarren Borges.

La Conferencia de Ginebra

Tal como se ha referido, en las vísperas intentaron los ingleses abortar o limitar el encuentro en Ginebra, bajo firme protesta venezolana y sin lograrlo. Se realizan así las negociaciones durante los días 16 y 17 de febrero de 1966, en las que Venezuela insiste en "la búsqueda de soluciones satisfactorias" y Gran Bretaña reitera su tesis sobre "la intangibilidad del laudo". Y vuelve sobre la mesa la propuesta del modelo antártico rechazada por el canciller Iribarren. Mas, como lo hace ver ante el Congreso Iribarren Borges, retomo su propuesta de las etapas que empujan tras sus agotamientos, sin son fallidos, al plano judicial:

"Después de varios contactos informales, nuestra Delegación optó por dejar en mesa una fórmula semejante a la tercera propuesta venezolana que había sido rechazada en Londres, *con la adición del recurso a la Corte Internacional de Justicia*" (Cursivas nuestras).

Gran Bretaña y Guayana británica, más receptivas, "objetaron la mención específica del recurso al arbitraje y a la Corte Internacional de Justicia" – ¿temían la revisión jurídica del laudo, o defendían la tesis de su intangibilidad? – y a cuyo efecto, se avinieron en diluir la mención expresa de dichos medios e invocar a todos los medios, incluidos los mencionados, acordando que la solución habría de alcanzarse mediante la aplicación del artículo 33 de la Carta de Naciones Unidas:

"Las partes en una controversia cuya continuación sea susceptible de poner en peligro el mantenimiento de la paz y la seguridad internacionales tratarán de buscarle solución, ante todo, mediante la negociación, la investigación, la mediación, la conciliación, *el arbitraje, el arreglo judicial*, el recurso a organismos o acuerdos regionales u otros medios pacíficos de su elección" (Cursivas nuestras).

"Fue, pues, sobre la base de la propuesta venezolana, como se vino a lograr el Acuerdo de Ginebra", sentencia el canciller. Y finaliza su narrativa hasta dicho momento, haciéndole ver al parlamento venezolano – llamado a aprobar el Acuerdo en cuestión – que, desde entonces, todas las opciones quedaban sobre la mesa, desde el arreglo amigable y transaccional hasta la solución judicial, de no ser posible el primero. Sus palabras son elocuentes:

"[El] Acuerdo de Ginebra no constituye la solución ideal… Fuimos a buscar una solución satisfactoria a la ardua cuestión territorial… [se entiende que satisfactoria en cuanto a los medios que deban realizarse hasta resolver] que, como fruto del diálogo diplomático y no del monólogo de vencedores… lleva a una nueva situación las posiciones extremas de quien exige la devolución del territorio usurpado en virtud de un Laudo nulo, y la de quien argüía que no abrigando duda sobre su soberanía acerca de ese territorio, *no estaba dispuesto a llevar la causa a tribunal alguno*" (Cursivas nuestras).

III.   LA HERMENÉUTICA DEL ACUERDO

El Acuerdo de Ginebra, que contiene un preámbulo y 8 artículos, tal como lo indica el Canciller en su exégesis auténtica ante el Congreso responde a una teleología que detalla para no dejar margen de duda:

"[U]na Comisión Mixta *con el propósito de buscar soluciones satisfactorias para el arreglo práctico de esa controversia* surgida como consecuencia de la contención venezolana de que el laudo arbitral de 1899 sobre la frontera entre Venezuela y la Guayana Británica es nulo e írrito" (Cursivas nuestras).

Y agrega, seguidamente:

"Debe observarse que la continuación de las conversaciones es de capital importancia y que de ellas puede surgir una solución que permita poner fin a la controversia en forma satisfactoria *sin necesidad de recurrir a los procedimientos previstos en el artículo 4* del mismo Acuerdo" (Cursivas nuestras).

El sostenimiento de las conversaciones lo entiende Iribarren Borges de importante, pues ante la radical oposición británica, que no admitía se debatiese sobre la intangibilidad o la nulidad o no del laudo arbitral de 1899, la Comisión Mixta "tiene por consiguiente una amplia función para conducir las negociaciones", acaso relacionando y mirando de conjunto los distintos temas de la agenda acordada para el encuentro en Ginebra.

Evitar la fatalidad de ese recorrido "práctico" definido en las conversaciones preliminares que finalizan con el Acuerdo fue, justamente, el objeto del vituperado Protocolo de Puerta España, la mal llamada "congelación" acordada entre las partes durante la administración venezolana sucesiva, la de Rafael Caldera (1969-1974), a fin de lograr, por un tiempo más amplio, el mantenimiento de ese juego a varias bandas antes de que, la fatal situase a las partes en el plano original que planteó la misma Venezuela y le fuera rechazado por los ingleses: Debatir la cuestión de fondo, la nulidad o no del laudo de 1899.

"Debo, en primer lugar, afirmar, de la manera más enfática, que el Protocolo representa el mejor camino para mantener vivos los derechos de Venezuela, para mantener presente en el terreno jurídico su reclamación sobre el territorio situado en la ribera izquierda del Esequibo y, al mismo tiempo, para abrir un camino más constructivo y provechoso en el tratamiento diplomático del asunto," declarará el presidente Caldera el 25 de junio de 1960.

Se trataba, por lo visto, de una forma oblicua de mantenimiento de la actividad diplomática una vez fracasada la gestión de la Comisión Mixta por agotamiento de su término fijado en 4 años – "buscar soluciones satisfactorias para el arreglo práctico de esa controversia" – y agotado como se encontrase dicho plazo; pues, a tenor del mismo Acuerdo, lo que correspondía sucesivamente era disparar el mecanismo del artículo 4 que reza, textualmente, así:

"(1) Si dentro de un plazo de cuatro años contados a partir de la fecha de este Acuerdo, la Comisión Mixta no hubiere llegado a un acuerdo completo para la solución de la controversia, referirá al Gobierno de Venezuela y al Gobierno de Guayana en su Informe final cualesquiera cuestiones pendientes. Dichos Gobiernos escogerán sin demora uno de los medios de solución pacífica previstos en el Articule 33 de la Carta de las Naciones Unidas.

(2) Si dentro de los tres meses siguientes a la recepción del Informe final el Gobierno de Venezuela y el Gobierno de Guyana no hubieren llegado a un acuerdo con respecto a la elección de uno de los medios

de solución previstos en el Articule 33 de la Carta de las Naciones Unidas, referirán la decisión sobre los medios de solución a un órgano internacional apropiado que ambos Gobiernos acuerden, o de no llegar a un acuerdo sobre este punto, al secretario general de las Naciones Unidas. Si los medios así escogidos no conducen a una solución de la controversia, dicho órgano, o como puede ser el caso, el secretario general de las Naciones Unidas, escogerán otro de los medios estipulados en el Articule 33 de la Carta de las Naciones Unidas, y así sucesivamente, hasta que la controversia haya sido resuelta, o hasta que todos los medios de solución pacífica contemplados en dicho artículo hayan sido agotados".

Este mecanismo, exactamente, es el que ha llevado la controversia al plano adjudicativo, al de la solución judicial en sede de la Corte de La Haya y por virtud del mismo Acuerdo de Ginebra, no en contra de sus disposiciones como se sostiene con absoluta ligereza.

No obstante, el plazo de 4 años que se le fijó a la Comisión Mixta para que alcanzase una solución práctica y recíprocamente satisfactoria, como lo revela Iribarren Borges tenía un carácter convencional; siendo posible su extensión, tal y como ocurre con el Protocolo citado y pactado con Guayana y que se negó a aprobar el Congreso de Venezuela por razones partidarias subalternas, incluso sabiéndose que no era ello un requisito constitucional para su vigencia.

¿Qué razones han podido abonar en cabeza de los ingleses para negarse históricamente y desde el siglo XIX a resolver la cuestión con Venezuela por medio de un arbitraje – que se lo imponen a estos los americanos a finales del siglo y apalancados sobre la doctrina Monroe – y, luego de dictado el laudo del despojo en 1899, cerrarle toda puerta a su consideración por la Corte Internacional de Justicia, queda para el campo de la especulación? ¿Y cuáles han sido las de Venezuela, que convencida del valor de sus títulos jurídicos y siendo la abanderada de las soluciones arbitral o judicial antes y después de la aprobación del Acuerdo de Ginebra en 1966, luego quiera hacer un dogma político, a contrapelo del reseñado artículo IV, la solución amigable y transaccional? Estos interrogantes habrán de desandarlos los expertos en aporías diplomáticas.

Sin embargo, cabe decir que los comisionados venezolanos, así como alertaron sobre la imposibilidad de que Venezuela obtuviese de la ahora República Cooperativa de Guyana siquiera "un centímetro de territorio" por las vías diplomáticas (como la negociación, los buenos oficios, la mediación, la conciliación) – la llamada, aquí sí, solución práctica y satisfactoria – y convencidos estos – el doctor Luis Loreto y el embajador Gonzalo García Bustillos, miembros de la Comisión Mixta – de que "tarde o temprano se caerá en las vías jurisdiccionales", eran conscientes del desafío que les esperaba y se ha hecho realidad en el presente.

Textualmente, según un informe que habrían elaborado en el marco del desenvolvimiento de la Comisión Mixta, afirman que, al final del camino, quedaría sometida a prueba "la santidad de cosa juzgada de un laudo internacional de setenta años de antigüedad y ejecución".[13]

---

[13] José Rafael Gamero Lanz, "Los pormenores en la negociación bilateral entre Venezuela y Guyana para un arreglo práctico a la

El mecanismo de entendimiento recíproco y diplomático entre las partes mantenido durante los 12 años – adicionales a los 4 años convencionales del Acuerdo de Ginebra – y estipulados para su vigencia, cubrió a las administraciones que siguen a la de Caldera, las de Carlos Andrés Pérez (1974-1979) y Luis Herrera Campins (1979-1983). Este decidió no prorrogarlo, persuadido de la mala fe guyanesa y a cuyo efecto ordenó se disparase el mecanismo del artículo IV del Acuerdo de Ginebra.

El canciller de entonces, José Alberto Zambrano Velasco, incluso así, entendiendo la complejidad de la cuestión del diferendo – ya no se trata de la Colonia británica sino de la República Cooperativa independiente y que, desde ese mismo momento, procura la «multilateralización de la controversia bilateral mostrándose como víctima de una injusticia venezolana»[14] – una vez como concluye el Protocolo contando con el apoyo unánime del país[15], trata de que no se salga de los canales diplomáticos. Sostiene la regla primaria de la solución pacífica, práctica y recíprocamente satisfactoria. Lo hace, aquí sí y en corrección de

---

controversia territorial: Desde el Acuerdo de Ginebra hasta el vencimiento del Protocolo de Puerto España", Caracas, s/f (https://www.academia.edu/36843437/LOS_PORMENORES_EN _LA_NEGOCIACIÓN_BILATERAL_ENTRE_VENEZUELA _Y_GUYANA_PARA_UN_ARREGLO_PRÁCTICO_A_LA_ CONTROVERSIA_TERRITORIAL)

[14] Réplica de José Alberto Zambrano Velasco, ministro de relaciones exteriores, en el 36º Período de Sesiones de la Asamblea General de Naciones Unidas, septiembre de 1981

[15] Acuerdos del Senado y de la Cámara de Diputados de 14 y 15 de diciembre de 1981

la interpretación auténtica, por entender que si bien media un asunto jurídico no deja de ser este moral y de justicia:

"Es éste un tratado formal [el Acuerdo de Ginebra] por el cual las partes involucradas se comprometen a la búsqueda de soluciones pacíficas para una controversia heredada del colonialismo... Expresamente dispone que el asunto debe quedar resuelto en forma aceptable para ambas partes... Todo ello conduce a tener en cuenta, no solamente los elementos jurídicos implicados en la cuestión, sino igualmente todas las consideraciones históricas, morales, políticas, geográficas y de cualquier otro orden... que puedan conducir a un resultado equilibrado, práctico, aceptable y, en definitiva, equitativo... El medio de solución que haya de escogerse debe adaptarse al carácter de la controversia... Resulta claro que la negociación, que nunca se ha emprendido verdaderamente, está muy lejos de haber agotado sus posibilidades de aportar un resultado satisfactorio... es el método que mejor cumple los fines del Acuerdo de Ginebra... Venezuela quiere ante todo ganar la batalla de la paz y la fraternidad de Guyana, porque somos inevitablemente vecinos".

Esta fue la exégesis que privo, coherente con el principio de la buena fe – a pesar de que acusa al gobierno de Guayana de ser personalista – en Zambrano Velasco.

La realidad, sin embargo, le revelaba lo contrario, pero no cejó este en su propósito de alcanzar un entendimiento amigable y diplomático; al punto que, debatiendo con Guyana la implementación del artículo IV del Acuerdo y sin entenderse ambos, al proponerle esta referir la decisión sobre el medio de solución apropiado a la Corte Internacional de Justicia, la Asamblea General o el Consejo de Seguridad de la ONU, el canciller se los rechaza a fin de que, por mandato del mismo artículo, quedase el asunto en manos del Secretario General de la ONU. La misiva que dirige el ministro de relaciones exteriores venezolano al su homólogo guyanés, Rashleigh Jackson, de 15 de octubre de 1982, es elocuente:

> "Como es evidente que no existe acuerdo entre las partes para la escogencia de un órgano internacional a fin de cumplir la función prevista en el artículo IV.2, es obvio que la misma queda encomendada al secretario general de la ONU".

Javier Pérez de Cuellar, a quien se dirige Zambrano Velasco de forma unilateral exigiéndole asumir sus funciones, y no quedándole alternativa a Guyana – que acepta, tras apreciaciones gravosas dirigidas al canciller venezolano, y lo hace de modo "tardío, como se lo dirá éste – le respondió a Venezuela, el 31 de marzo de 1982 y en su calidad de cabeza ejecutiva de la ONU, lo siguiente:

> "Teniendo ahora la seguridad de que es el deseo tanto del gobierno de Guyana como del gobierno de Venezuela que yo asuma la responsabilidad conferida a mí en el artículo IV (2) del Acuerdo de Ginebra, comunicaré a Vuestra Excelencia y al gobierno de Guyana, después de una cuidadosa consideración, la conclusión a la que llegue en la absolución de dicha responsabilidad".

Desde ese instante hasta el año 2018, la ONU albergó la esperanza de alcanzar aquello que recomendaba el canciller de Venezuela mencionado y optó por la designación, sin resultados, de un agente de buenos oficios.

No quedándole otra alternativa que hacer efectiva la fatalidad imaginada por Ignacio Iribarren Borges, negociador del Acuerdo de Ginebra y ministro de relaciones exteriores venezolano.

La nota de información de la ONU de 31 de enero de 2018 es concluyente y refleja lo que Pérez de Cuellar – previo consentimiento de ambas partes – dijo al ser intimado: "comunicaré… la conclusión a la que llegue":

"La controversia fronteriza de larga data entre la República Cooperativa de Guyana y la República Bolivariana de Venezuela surgió como consecuencia de la contención venezolana de que el Laudo Arbitral de 1899 sobre la frontera entre Venezuela y Guayana Británica es nulo e írrito. En el Acuerdo de Ginebra de 1966, Guyana y Venezuela le confirieron al secretario general la potestad y la responsabilidad de elegir un medio de solución pacífica entre aquellos contemplados en el Artículo 33 de la Carta de las Naciones Unidas. El Acuerdo de Ginebra también prevé que, si el medio así escogido no conduce a una solución de la controversia, el secretario general debe de escoger otro medio de solución.

"El ex secretario general Ban Ki-moon les comunicó a las partes el 15 de diciembre de 2016 un marco para la resolución de la controversia fronteriza basado en sus conclusiones sobre lo que constituirían los próximos pasos más adecuados. En particular, llegó a la conclusión de que el Proceso de Buenos Oficios, que se había realizado desde 1990, continuaría por un último año, hasta finales del 2017, con un mandato de mediación reforzado. También llegó a la conclusión que sí, a finales del 2017, el secretario general António Guterres, como su sucesor, llegara a la conclusión que no se había alcanzado progreso significativo en llegar a una solución a la controversia, elegiría la Corte Internacional de Justicia como el próximo medio de solución, salvo que los Gobiernos de Guyana y Venezuela solicitaran conjuntamente que eso no se hiciera".

En síntesis y como colofón de esta crónica documentada y en lo relativo al señalado artículo 4 – tal como lo reseñó el canciller venezolano Ignacio Iribarren Borges en su explicación ante el Congreso de Venezuela de 1966 – cabe decir que, durante sus negociaciones Gran Bretaña deseaba que la escogencia del medio de solución y que, como cabe aclararlo, se rige por el principio de libre elección dentro del sistema jurídico de la ONU, la hiciese la Asamblea General. Venezuela no lo acepto por el carácter político de dicho órgano, lo que prometía sujetar el proceso a dilaciones innecesarias; *proponiendo nuestro ministro de relaciones exteriores que se le confiase "la función de escoger los medios de solución* [fracasadas las negociaciones diplomáticas en sede de la Comisión Mixta] *a la Corte Internacional de Justicia.*

Y no aceptando otra vez el Reino Unido a la CIJ, se le contrapropuso "encomendar aquella función al secretario general de la ONU". Y ese mandato lo acepto, en lo inmediato, U Thant, el asiático que ejercía dicha cartera. Hubo lugar, así, a lo que se conoce como cláusula compromisoria anticipada de una eventual solución arbitral o judicial sobre el diferendo territorial.

Lo terminante, objetivo y normativo es que la Corte Internacional de Justicia se ha declarado competente para resolver sobre la validez del Laudo Arbitral de 1899, y que su exégeta venezolano, su propio negociador, convino en ello anticipadamente y de un modo coherente.

"De acuerdo con los términos del artículo IV, el llamado laudo de 1899, en el caso de no llegarse antes a una solución satisfactoria para Venezuela, deberá ser revisado por medio del arbitraje o recurso judicial", fue la sentencia de Iribarren Borges proferida el 17 de marzo de 1966.

IV.   VENEZUELA SE ALEJA DE GINEBRA

Mientras avanza lo anterior en sede de La Haya, la estrategia política venezolana – ha contrapelo de las páginas de su historia y de la visión de Estado dominante durante la república civil y democrática, hasta 1999 – replantea la aporía que justifica esta crónica indispensable. ¿Busca sobreponer las razones geopolíticas e ideológicas propias del siglo XXI al decurso del diferendo por el Esequibo?

Ocurre su desconocimiento verbal y filatero de la competencia de la CIJ – en un ir y venir táctico, como se ha explicado – ¿para abandonar la vía judicial y al cabo favorecer la aspiración cubana de que Venezuela tácitamente retire su reclamación territorial contra la República Cooperativa de Guayana? La respuesta al igual que la pregunta puede ser especulativa.

Lo único constatable, como antecedente documentado, es lo que declarara el hoy fallecido presidente venezolano Hugo Chávez Frías a propósito de *La Nueva Etapa, El Nuevo Mapa Estratégico de la Revolución Bolivariana*[16], que nace de su salida y posterior regreso al poder tras el "golpe de micrófonos" ocurrido el 11 de abril de 2002 y

---

[16]   Presidencia de la República, Taller de Alto Nivel "El nuevo mapa estratégico", 12 y 13 de noviembre de 2004

77

de la fallida realización del referendo revocatorio de su mandato el 15 de agosto de 2004:

"ATRAER A GUYANA HACIA EL SUR. Ahí está también Guyana. Por razones geopolíticas y del reclamo territorial, nosotros hemos estado siempre lejos de ese país, pero Guyana es un pueblo hermano, es un pueblo subdesarrollado, y hay un gobierno allí que pudiera ser un gran aliado. Nosotros no vamos a desistir de nuestra reclamación, pero no podemos esperar a que se solucione esa reclamación, no hay nada en el horizonte que indique que se va a solucionar en el corto plazo o en el mediano plazo; está a nivel de Naciones Unidas, pero nosotros no vamos a ir la guerra con Guyana. ¡Nooo! Gobiernos de extrema derecha, subordinados a Washington, nos quisieron empujar a una guerra con Guyana, cuando en Guyana mandaba Forbes Burnham, para tratar de quebrar el movimiento socialista guyanés. Quien gobierna Guyana hoy es un hombre joven, el presidente Bharrat Jagdeo, que viene de esas filas, aun cuando es de línea moderada, no es un neoliberal. Tenemos que atraer a Guyana hacia la integración de Suramérica".

¿Habrá de entenderse, dentro este último contexto, la dinámica política reciente, sea la de la consulta popular citada *supra* – por la que el gobierno de Nicolás Maduro pide el desconocimiento de la Corte Internacional de Justicia que se ha declarado competente para resolver sobre la nulidad o no del Laudo Arbitral de 1899, sea la que, como consecuencia del mismo referéndum da lugar a la Declaración Conjunta de San Vicente, recién adoptada por este y el presidente guyanés, Irfaan Ali?

En el texto de esta, ambos mandatarios «acordaron» que "cualquier controversia [¿la del laudo, la territorial, la relativa a la cooperación, según lo indicaba la agenda previa a Ginebra?] se resolverá de conformidad con el derecho internacional, *incluido* el Acuerdo de Ginebra de 17 de febrero de 1966" (Numeral 2 y cursivas nuestras).

Lo anterior, al constatarse que (a) los debates para dicha declaración fueron facilitados por la CELAC y el CARICOM, los primeros ministros del Caribe angloparlante, Colombia y Honduras, y la propia Secretaría General de la ONU y que (b) "los incidentes sobre el terreno que conduzcan a tensiones" entre Guyana y Venezuela serán arbitrados por el presidente de Brasil, la CELAC y el CARICOM (Numeral 6), predica multilateralizar la cuestión esequiba. Todavía más, se sugiere, dada la redacción textual pertinente y su contexto, dejar en un plano supletorio al Acuerdo ginebrino, que es de orden bilateral y fundamento actual de la competencia de la Corte Internacional de Justicia.

Tampoco sería congruente, en el caso de Venezuela, con las mismas resultas de su consulta popular, una de cuyas preguntas reza así:

¿Apoya usted el Acuerdo de Ginebra de 1966 como el único instrumento jurídico válido para alcanzar una solución práctica y satisfactoria para Venezuela y Guyana, en torno a la controversia sobre el territorio de la Guayana Esequiba?

Téngase presente, como referencia paradójica documentada, lo que denunció en 1981 ante la ONU el canciller Zambrano Velasco, a saber, que Guyana era la empeñada en multilateralizar la controversia a fin de escaparse de los efectos del Acuerdo de Ginebra:

> "Denuncio claramente las acciones y declaraciones del gobierno de Guyana, como dirigidas a buscar apoyos internacionales, o a publicitar supuestos e inexistentes respaldos, o a conseguir una animadversión contra Venezuela. Denuncio tales actividades como arbitrios destinados a que Venezuela caiga en la trampa de una reacción explosiva de nuestra parte".[17]

Lo que es más extraño, nombran los mandatarios "una comisión conjunta de los ministros de relaciones exteriores y técnicos de los dos Estados para tratar los asuntos mutuamente acordados (Numeral 7). ¿Trátase de una vuelta atrás de las páginas recorridas hasta el 16 de noviembre de 1962, cuando Venezuela y Gran Bretaña acuerdan en la ONU reunirse para examinar sus respectivos documentos, tras la reclamación presentada por la primera?

En fin, ¿fue un desliz deliberado el del numeral 9 siguiente?, pues se propone una reunión próxima en Brasil "para considerar cualquier asunto con implicaciones para el territorio en disputa", incluido el de la "mencionada actualización de la *comisión mixta* (SIC y cursivas nuestras)". ¿Es un retorno al momento de la aprobación del Acuerdo de Ginebra y a los efectos de su artículo I, en el lejano año de 1966?

Condado de Broward, diciembre 15 de 2023

---

[17] Vid. supra, nota de pie de página 14

LAUDO ARBITRAL DE PARÍS DE 3 DE OCTUBRE DE 1899 – DEMARCACIÓN ENTRE LOS ESTADOS UNIDOS DE VENEZUELA Y LA GUAYANA BRITÁNICA

Y por cuanto dicho Tratado fue debidamente ratificado y las ratificaciones fueron debidamente canjeadas en Washington el día 14 de junio de 1897 en conformidad con el referido Tratado; y por cuanto después de la fecha del Tratado mencionado, y antes de que se diese comienzo al Arbitraje de que ahí se trata, murió el Muy Honorable Baron Herschell; y por cuanto el Muy Honorable Charles Baron Russell of Killowen, Lord Justicia Mayor de Inglaterra, Caballero Gran Cruz de la Muy Distinguida Orden de San Miguel y San Jorge, fue debidamente nombrado, en conformidad con los términos de dicho Tratado, por los miembros de la Comisión Judicial del Consejo Privado de Su Majestad, para funcionar de acuerdo con dicho Tratado en lugar y puesto del difunto Baron Herschell;

Y por cuanto dichos cuatro Árbitros a saber, el Honorable Melville Weston Fuller, el Honorable David Josiah Brewer, el Muy Honorable Lord Russell of Killowen y el Muy Honorable Sir Richard Henn Collins, nombraron quinto Arbitro, conforme a los términos de dicho Tratado, a Su Excelencia Frederic de Martens, Consejero Privado, Miembro Permanente del Consejo del Ministerio de Relaciones Exteriores de Rusia, L.L.D. de la Universidad Cambridge y Edimburgo;

Y por cuanto dichos Árbitros han empezado en debida forma el Arbitraje y han oído y considerado los argumentos orales y escritos de los abogados que respectivamente representan a los Estados Unidos de Venezuela y a Su Majestad la Reina, y han examinado imparcial y cuidadosamente, las cuestiones que se le han presentado y han investigado y se han cerciorado de la extensión de los territorios pertenecientes a las Provincias Unidas de los Países Bajos o al Reino de España respectivamente, o que pudieran ser legítimamente reclamados por las unas o por el otro, al tiempo de la adquisición de la Corte de la Guayana por la Gran Bretaña:

Por tanto, nosotros los infrascritos Árbitros por el presente otorgamos y publicamos nuestra decisión, determinación y fallo sobre las cuestiones que nos han sido sometidas por el referido Tratado de Arbitraje, y, en conformidad con dicho Tratado de Arbitraje, finalmente decidimos, fallamos y determinamos por la presente, que la línea de demarcación entre los Estados Unidos de Venezuela y la Guayana Británica es como sigue:

Principiando en la Costa a la Punta Playa la línea de demarcación correrá por línea recta a la confluencia del Río Barima con el Río Mururuma, y continuará por el medio de la corriente de este Río hasta su fuente, y de este punto a la unión del Río Haiowa con el Amacuro, y continuará por el medio de la corriente del Amacuro hasta su fuente en la Sierra Imataca, y de allí al Sudoeste por la cima más alta del Espolón de la Sierra Imataca hasta el punto más elevado de la Cordillera Principal, al Sudeste, hasta la fuente del Acarabisi, y de este punto continuará por el medio de la corriente de este Río hasta el Cuyuní, y de allá correrá por la orilla septentrional del Río Cuyuní al Oeste hasta su confluencia en el Wenamu, y de este punto seguirá el medio de la corriente del Wenamu hasta su fuente más Occidental, y de este punto por línea recta a la cumbre del Monte Roraima, y del Monte Roraima a la Fuente del Cotinga, y continuará por el medio de la corriente de este Río hasta su unión con el Takutu, y seguirá el medio de la corriente del Takutu hasta su fuente, y de este punto por línea recta al punto mas Occidental de la Sierra Akarai, continuará por la cúspide de la Sierra Akarai hasta la fuente del Corentín llamado Río Cutari. Queda siempre entendido que la línea de demarcación establecida por este fallo existe sin perjuicio y con reserva de cualquier cuestión que ahora exista o que ocurriese para determinación entre los Estados Unidos de Venezuela y la República del Brasil o entre esta República y el Gobierno de Su Majestad.

Al fijar la mencionada línea de demarcación los Árbitros consideran y deciden que, en tiempo de paz, los Ríos Amacuro y Barima quedarán abiertos a la navegación de los buques de comercio de todas las Naciones, salvo todo justo reglamento y el pago de derecho de faro u otros análogos, a condición que los derechos exigidos por la República de Venezuela y por el Gobierno de la Colonia de la Guayana Británica con respecto del tránsito de buques por las partes de dichos ríos que respectivamente les pertenecen, se fijen a la misma tasa para los buques de Venezuela y los de la Gran Bretaña, la cual no excederá a la que se exija de cualquiera otra Nación. Queda también entendido que ningún derecho de aduana podrá ser exigido,

ya por la República de Venezuela, ya por la Colonia de la
Guayana Británica, con respecto de mercaderías traspor-
tadas en los buques, navíos o botes pasando por dichos ríos;
pero los derechos de aduana serán exigibles solamente con
respecto de las mercaderías desembarcadas respectivamente en el territorio de Venezuela y en el de la Gran
Bretaña.

Hecho y publicado por duplicado por nosotros, en París
hoy el día 3 de octubre A. D. 1899.

(L.S.) F. DE MARTENS

(L.S.) Melville WESTON FULLER

(L.S.) David J. BREWER

(L.S.) Russel OF KILLOWEN

(L.S.) R. HENN COLLINS

ACUERDO PARA RESOLVER LA CONTROVERSIA ENTRE VENEZUELA Y EL REINO UNIDO DE LA GRAN BRETAÑA E IRLANDA DEL NORTE SOBRE LA FRONTERA ENTRE VENEZUELA Y LA GUAYANA BRITÁNICA (NRO. 8192 / UNITED NATIONS — TREATY SERIES)

El Gobierno de Venezuela y el del Reino Unido de Gran Bretaña e Irlanda del Norte, en consulta con el Gobierno de Guayana Británica,

Considerando la próxima Independencia de Guayana Británica;

Reconociendo que una más estrecha cooperación entre Venezuela y Guayana Británica redundaría en beneficio para ambos países.

Convencidos de que cualquiera controversia pendiente entre Venezuela por una parte, y el Reino Unido y Guayana Británica por la otra, perjudicaría tal colaboración y debe, por consiguiente, ser amistosamente resuelta en forma que resulte aceptable para ambas partes; de conformidad con la Agenda que fue convenida para las conversaciones gubernamentales relativas a la controversia entre Venezuela y el Reino Unido sobre la frontera con Guayana Británica, según el Comunicado Conjunto del 7 de noviembre de 1963, han llegado al siguiente Acuerdo para resolver la presente controversia:

Artículo I

Se establece una Comisión Mixta con el encargo de buscar soluciones satisfactorias para el arreglo práctico de la controversia entre Venezuela y el Reino Unido surgida como consecuencia de la contención venezolana de que el Laudo arbitral de 1899 sobre la frontera entre Venezuela y Guayana Británica es nulo e irrito.

Artículo II

(1) Dentro de dos meses contados a partir de la entrada en vigor de este Acuerdo dos Representantes para que formen parte de la Comisión Mixta serán nombrados por el Gobierno de Venezuela y dos por el Gobierno de Guayana Británica.

(2) El Gobierno que nombre un Representante puede en cualquier tiempo reemplazarlo, y debe hacerlo inmediatamente si uno de sus Representantes o ambos, por enfermedad, muerte y otra causa, estuvieren incapacitados para actuar.

(3) La Comisión Mixta puede por acuerdo entre los Representantes designar expertos para que colaboren con ella, bien en general o en relación a una materia particular sometida a la consideración de la Comisión Mixta.

Artículo III

La Comisión Mixta presentará informes parciales a intervalos de seis meses contados a partir de la fecha de su primera reunión.

Artículo IV

(1) Si dentro de un plazo de cuatro años contados a partir de la fecha de este Acuerdo, la Comisión Mixta no hubiere llegado a un acuerdo completo para la solución de la controversia, referirá al Gobierno de Venezuela y al Gobierno de Guayana en su Informe final cualesquiera cuestiones pendientes. Dichos Gobiernos escogerán sin demora uno de los medios de solución pacífica previstos en el Artículo 33 de la Carta de las Naciones Unidas.

(2) Si dentro de los tres meses siguientes a la recepción del Informe final el Gobierno de Venezuela y el Gobierno de Guyana no hubieren llegado a un acuerdo con respecto a la elección de uno de los medios de solución previstos en el Artículo 33 de la Carta de las Naciones Unidas, referirán la decisión sobre los medios de solución a un órgano internacional apropiado que ambos Gobiernos acuerden, o de no llegar a un acuerdo sobre este punto, al Secretario General de las Naciones Unidas. Si los medios así escogidos no conducen a una solución de la controversia, dicho órgano, o como puede ser el caso, el Secretario General de las Naciones Unidas, escogerán otro de los medios estipulados en el Artículo 33 de la Carta de las Naciones Unidas, y así sucesivamente, hasta que la controversia haya sido resuelta, o hasta que todos los medios de solución pacífica contemplados en dicho Artículo hayan sido agotados.

Artículo V

(1) Con el fin de facilitar la mayor medida posible de cooperación y mutuo entendimiento, nada de lo contenido en este Acuerdo será interpretado como una renuncia o disminución per parte de Venezuela, el Reino Unido o la Guayana Británica de cualesquiera bases de reclamación de

soberanía territorial en los Territorios de Venezuela o Guayana Británica o de cualesquiera derechos que se hubiesen hecho valer previamente, o de reclamaciones de tal soberanía territorial o como prejuzgando su posición con respecto a su reconocimiento o no reconocimiento de un derecho a, reclamo o base de reclamo por cualquiera de ellos sobre tal soberanía territorial.

(2) Ningún acto o actividad que se lleve a cabo mientras se halle en vigencia este Acuerdo constituirá fundamento para hacer valer, apoyar o negar una reclamación de soberanía territorial en los Territorios de Venezuela o la Guayana Británica, ni para crear derechos de soberanía en dichos Territorios, excepto en cuanto tales actos o actividades sean resultado de cualquier convenio logrado por la Comisión Mixta y aceptado por escrito por el Gobierno de Venezuela y el Gobierno de Guyana. Ninguna nueva reclamación o ampliación de una reclamación existente a soberanía territorial en dichos Territorios será hecha valer mientras este Acuerdo esté en vigencia, ni se hará valer reclamación alguna sino en la Comisión Mixta mientras tal Comisión exista.

Artículo VI

La Comisión Mixta celebrará su primera reunión en la fecha y lugar que sean acordados entre los Gobiernos de Venezuela y Guayana Británica. Esta reunión se celebrará lo antes posible después del nombramiento de sus miembros. Posteriormente, la Comisión Mixta se reunirá cuándo y en la forma que acordaren los Representantes.

Artículo VII

Este Acuerdo entrará en vigor en la fecha de su firma.

Artículo VIII

Al obtener Guayana Británica su Independencia, el Gobierno de Guyana será en adelante parte del presente Acuerdo además del Gobierno de Venezuela y del Gobierno del Reino Unido de Gran Bretaña e Irlanda del Norte.

EN TESTIMONIO DE LO ANTERIOR, los suscritos, debidamente autorizados para ello por sus respectivos Gobiernos, han firmado el presente Acuerdo.

HECHO en duplicado, en Ginebra, a los diecisiete días del mes de febrero del año mil novecientos sesenta y seis, en español y en inglés, siendo ambos textos igualmente auténticos.

Por el Gobierno de Venezuela:

Ignacio IRIBARREN BORGES
Ministro de Relaciones Exteriores

Por el Gobierno del Reino Unido de Gran Bretaña e Irlanda del Norte:

Michael STEWART
Secretario de Estado de Relaciones Exteriores

Forbes BURNHAM
Primer Ministro de la Guayana Británica

EL JUICIO ANTE LA CORTE INTERNACIONAL DE JUSTICIA[18]

SENTENCIA ARBITRAL DEL 3 DE OCTUBRE DE 1899 (GUYANA C. VENEZUELA)

I.   RELACIÓN DEL PROCEDIMIENTO

La Corte comienza recordando que el 29 de marzo de 2018 el Gobierno de la República Cooperativa de Guyana (en adelante "Guyana") presentó en la Secretaría de la Corte una demanda iniciando un proceso contra la República Bolivariana de Venezuela (en adelante "Venezuela") respecto de una disputa relativa a "la validez

---

[18] El presente texto – traducción libre del francés y su edición por el autor, para fines divulgativos sobre lo esencial de la controversia – lo integran párrafos tomados de los Resúmenes (Resumen 2020/5 del 18 de diciembre de 2020, Resumen 2023/4 del 6 de abril de 2023, y Resumen 2023/8 del 1 de diciembre de 2023) que preparara la Corte, a raíz de sus distintas decisiones sobre su competencia, sobre excepciones preliminares, y en cuanto a las medidas conservatorias pedidas por Guyana. Los párrafos del primer y el último resumen, en letras menores se identifican así, respectivamente: **[]** y ***[[]]***, y se limitan todos a los aspectos sustantivos del juicio pendiente ante la Corte.

legal y el efecto vinculante del laudo arbitral del 3 de octubre de 1899 relativo al límite entre la colonia de la Guayana Británica y los Estados Unidos de Venezuela" (en adelante el "laudo de 1899" o la "sentencia"). En su demanda, Guyana pretendía basar la competencia de la Corte, conforme al Artículo 36, párrafo 1, de su Estatuto, en el Artículo IV, párrafo 2, del "acuerdo para solucionar la controversia entre Venezuela y el Reino Unido de Gran Bretaña y Irlanda del Norte relativa a la frontera entre Venezuela y la Guayana Británica", firmado en Ginebra el 17 de febrero de 1966 (en adelante, el "Acuerdo de Ginebra" o el "Acuerdo"). Explicó que, de conformidad con esta última disposición, Guyana y Venezuela habían «conferido simultáneamente al Secretario General de las Naciones Unidas la facultad de elegir los medios para solucionar la controversia [y que] él [había] hecho uso de ella en enero 30 de 2018, optando por la solución judicial por parte de la Corte».

El 18 de junio de 2018 Venezuela indicó que consideraba que la Corte no tenía competencia para conocer el caso y anunció que no participaría en el proceso. La Corte consideró que, en las circunstancias del presente caso, primero era necesario resolver la cuestión de su competencia y que, en consecuencia, debía pronunciarse por separado, antes de cualquier procedimiento sobre el fondo, sobre esta cuestión.

** [] **

La Corte expresa, como punto preliminar, su pesar por la decisión adoptada por Venezuela de no participar en el proceso ante ella. La incomparecencia de una parte tiene evidentemente consecuencias negativas para la adecuada administración de justicia. En particular, la parte que no comparece se priva de la oportunidad de aportar pruebas y argumentos en apoyo de su propio caso y de impugnar las alegaciones de la parte contraria. Por lo tanto, el Tribunal no se beneficia de la ayuda que esta información podría haberle brindado, aunque debe continuar su examen y formular todas las conclusiones necesarias en el caso.

La Corte destaca que la no participación de una parte en el procedimiento o en cualquiera de sus fases no puede en modo alguno afectar la validez de su sentencia, al tiempo que recuerda que, si el examen del presente caso continuara más allá de la presente fase, Venezuela, que sigue siendo parte en el proceso, puede, si lo desea, comparecer ante el Tribunal para presentar sus argumentos.

La Corte explica además que, aunque oficialmente ausentes, las partes no comparecientes en ocasiones presentan cartas y documentos a la Corte por medios y medios no previstos en su Reglamento. Precisa que, en el presente caso, Venezuela le ha enviado un memorando, el cual indica tomar en consideración, en la medida que lo considere apropiado, con miras a cumplir con la obligación que le impone el artículo 53 de su Estatuto de garantizar su competencia para conocer la solicitud

** [] **

Mediante Orden de 19 de junio de 2018, la Corte fijó plazos para la presentación del Memorial de Guyana y la Contramemoria de Venezuela sobre la cuestión de la competencia de la Corte. Si bien no presentó una Contramemoria sobre la cuestión de la competencia de la Corte dentro del plazo fijado al efecto, Venezuela, el 28 de noviembre de 2019, presentó ante la Corte un documento titulado "Memorando de la República Bolivariana de

Venezuela sobre la Solicitud presentada por la República Cooperativa de Guyana ante la Corte Internacional de Justicia" el 29 de marzo de 2018. Venezuela tampoco participó en la audiencia celebrada el 30 de junio de 2020 sobre la cuestión de la competencia de la Corte, pero transmitió sus observaciones escritas a los argumentos presentados por Guyana durante esta audiencia.

En su Sentencia dictada el 18 de diciembre de 2020 (en adelante la "Sentencia de 2020"), la Corte sostuvo que tenía competencia sobre la Solicitud presentada por Guyana el 29 de marzo de 2018 en lo que se refiere a la validez del laudo del 3 de octubre. de 1899 y la cuestión conexa de la solución final de la disputa fronteriza terrestre entre Guyana y Venezuela. También dijo que no tenía competencia para conocer de las reclamaciones de Guyana que se basan en hechos ocurridos después de la firma del Acuerdo de Ginebra.

El 7 de junio de 2022, dentro del plazo previsto en el párrafo 1 del artículo 79 bis del Reglamento de la Corte, Venezuela planteó excepciones preliminares que calificó como excepciones a la inadmisibilidad de la Solicitud. Si bien Venezuela se refiere, en sus alegatos finales, a "excepciones preliminares" en plural, la Corte considera que plantea, en esencia, sólo una única excepción preliminar, basada en el argumento según el cual el Reino Unido es un tercero esencial sin cuyo consentimiento el Tribunal no puede pronunciarse sobre la controversia.

*** [[]] ***

En su Sentencia dictada el 6 de abril de 2023 (en adelante la "Sentencia de 2023"), la Corte rechazó la excepción preliminar de Venezuela relativa al ejercicio de la competencia de la Corte y consideró que podía pronunciarse sobre el fondo de las solicitudes de Guyana, en la medida en que correspondieran en el ámbito de la parte resolutiva de la sentencia de 2020.

Luego la Corte recuerda que Guyana presentó, el 30 de octubre de 2023, una solicitud de indicación de medidas provisionales. En su solicitud, Guyana indica que, "[e]l 23 de octubre de 2023, el Gobierno de Venezuela, a través de su Consejo Nacional Electoral, publicó una lista de cinco preguntas que planea presentar al pueblo venezolano en el marco de una "referéndum consultivo" el 3 de diciembre de 2023". Según Guyana, el objetivo de estas preguntas sería

"obtener respuestas que respalden la decisión de Venezuela de abandonar este procedimiento y en su lugar recurrir a medidas unilaterales para "resolver" la disputa con Guyana anexando e integrando formalmente a Venezuela todo el territorio en cuestión en el presente procedimiento, que comprende más de dos tercios de Guyana".

*** [[]] ***

II.   CONTEXTO HISTÓRICO Y FÁCTICO

La Corte retoma el contexto histórico y fáctico del caso, tal como lo establece [la sentencia que dictó]. En el momento en que surgió la disputa anterior, Guyana todavía era una colonia británica conocida como Guayana Británica. Obtuvo su independencia del Reino Unido el 26 de mayo de 1966. La Corte explica luego que la disputa entre Guyana y Venezuela es parte de una serie de acontecimientos que se remontan a la segunda mitad del siglo XIX y que luego analiza con mayor detalle.

EL TRATADO DE WASHINGTON DE 1897 Y EL LAUDO DE 1899

La Corte recuerda que, en el siglo XIX, el Reino Unido y Venezuela reclamaron el territorio entre la desembocadura del río Esequibo, al este, y el Orinoco, al oeste. En la década de 1890, los Estados Unidos de América alentaron a ambas partes a someter sus reclamos territoriales a arbitraje. El 2 de febrero de 1897 se firmó en Washington un tratado de arbitraje denominado "Tratado entre Gran Bretaña y los Estados Unidos de Venezuela relativo a la solución de la cuestión del límite entre la colonia de la Guayana Británica y los Estados Unidos de Venezuela" (en adelante el "Tratado de Washington").

El tribunal arbitral constituido bajo este tratado dictó su laudo el 3 de octubre de 1899. Esta decisión concedió toda la desembocadura del Orinoco, así como las tierras a ambos lados de ella, a Venezuela, y asignó al Reino Unido las tierras al este, hasta el Esequibo. Al año siguiente, una comisión conjunta anglo-venezolana fue encargada de realizar la demarcación de la frontera establecida por el laudo de 1899. Llevó a cabo esta tarea entre noviembre de 1900 y junio de 1904. El 10 de enero de 1905, en el día siguiente a la demarcación de la frontera, los comisionados británico y venezolano establecieron un mapa oficial de la línea fronteriza y firmaron un acuerdo reconociendo, entre otras cosas, la exactitud de las coordenadas de los puntos enumerados.

EL RECHAZO DEL LAUDO DE 1899 POR VENEZUELA Y LA BÚSQUEDA DE UNA SOLUCIÓN A LA CONTROVERSIA

La Corte señala que, el 14 de febrero de 1962, Venezuela informó al Secretario General de las Naciones Unidas que consideraba que existía una disputa entre ella y el Reino Unido "acerca de la demarcación de la frontera entre Venezuela y la Guayana Británica", que la sentencia de 1899 había sido "fruto de una transacción política celebrada a espaldas de Venezuela y sacrificando sus derechos legítimos" y que, por tanto, no podía reconocer esta sentencia.

El Gobierno del Reino Unido, por su parte, afirmó que "el límite occidental de la Guayana Británica y Venezuela ha sido objeto de un acuerdo final mediante el laudo que el tribunal de arbitraje ha dictado el 3 de octubre de 1899", y que no podía "aceptar cualquier discusión sobre una cuestión que la sentencia [había] resuelto". Sin embargo, se declaró abierto a discusiones, a través de canales diplomáticos.

El 16 de noviembre de 1962, con el consentimiento de los representantes del Reino Unido y Venezuela, el Presidente de la Cuarta Comisión de la Asamblea General de las Naciones Unidas anunció que los gobiernos de los dos Estados (el del Reino Unido actuando con pleno acuerdo del de la Guayana Británica) se ocuparía del examen de la "documentación" relativa al laudo de 1899 (en adelante, el "examen tripartito"). Este examen tripartito duró de 1963 a 1965. Finalizó el 3 de agosto de 1965 con el intercambio de peritajes. Mientras que los expertos de Venezuela continuaron considerando que el laudo era nulo y sin valor, los expertos del Reino Unido creían que no había evidencia que respaldara esta posición.

LA FIRMA DEL ACUERDO DE GINEBRA

La Corte recuerda luego que, tras el fracaso de las conversaciones mantenidas en Londres, las tres delegaciones se reunieron nuevamente en Ginebra en febrero de 1966 y que el 17 de febrero de 1966 llegaron a la firma del Acuerdo de Ginebra, cuyos textos en inglés y español son auténticos. El 26 de mayo de 1966, tras obtener su independencia, Guyana se convirtió en parte del Acuerdo de Ginebra, junto con el Gobierno del Reino Unido y el Gobierno de Venezuela.

El Acuerdo de Ginebra prevé en primer lugar la constitución de una comisión mixta para intentar resolver el conflicto entre las partes (art. I y II). El párrafo 1 del Artículo IV dispone además que, en caso de fracaso de esta comisión, los Gobiernos de Guyana y Venezuela elegirán uno de los medios de solución pacífica establecidos en el Artículo 33 de la Carta de las Naciones Unidas. Finalmente, de conformidad con el párrafo 2 del artículo IV, en caso de desacuerdo entre estos gobiernos, la elección del medio de solución deberá ser realizada por un organismo internacional competente en el que estén de acuerdo o, en defecto de acuerdo entre ellos sobre este punto, por el Secretario General de las Naciones Unidas.

** [] **

IMPLEMENTACIÓN DEL ACUERDO DE GINEBRA

1. *La comisión mixta (1966-1970)*

La comisión mixta se estableció en 1966, de conformidad con los artículos I y II del Acuerdo de Ginebra. Durante su mandato, representantes de Guyana y

98

Venezuela se reunieron varias veces. Sin embargo, la comisión mixta llegó al final de su mandato en 1970 sin haber llegado a una solución.

2. *El Protocolo de Puerto España de 1970 y la moratoria establecida*

Al no haberse encontrado así una solución en el marco de la comisión mixta correspondía a Venezuela y Guyana elegir uno de los medios de solución pacífica establecidos en el Artículo 33 de la Carta de las Naciones Unidas, en aplicación del Artículo IV del Acuerdo de Ginebra. Sin embargo, ante los desacuerdos entre las Partes, se acordó una moratoria sobre el proceso de resolución de disputas a través de un protocolo del Acuerdo de Ginebra (el "Protocolo de Puerto España") adoptado el 18 de junio de 1970, cuando la comisión mixta presentó su informe final. El artículo III del Protocolo preveía la suspensión de la aplicación del artículo IV del Acuerdo de Ginebra mientras el Protocolo permaneciera en vigor. El protocolo, según su artículo V, permanecería en vigor durante un período inicial de doce años, que luego podría renovarse.

En diciembre de 1981, Venezuela anunció su intención de denunciar el Protocolo de Puerto España. En consecuencia, el Artículo IV del Acuerdo de Ginebra comenzó a aplicarse nuevamente el 18 de junio de 1982.

De conformidad con el párrafo 1 del Artículo IV del Acuerdo de Ginebra, las Partes intentaron llegar a un acuerdo sobre la elección de uno de los medios de solución pacífica establecidos en el Artículo 33 de la Carta. Sin embargo, no lo lograron dentro del plazo de tres meses previsto en el apartado 2 de este mismo artículo. Tampoco lograron ponerse de acuerdo sobre la designación de un organismo internacional competente responsable de elegir los medios de solución, según lo dispuesto en el párrafo 2 del artículo IV del Acuerdo de Ginebra.

En consecuencia, las Partes dieron el siguiente paso y remitieron al Secretario General de las Naciones Unidas la elección de los medios de solución.

Luego de ser contactado por las Partes, el Secretario General, Sr. Javier Pérez de Cuéllar, mediante carta fechada el 31 de marzo de 1983, acordó cumplir con la responsabilidad que le había sido confiada de conformidad con el párrafo 2 del Artículo IV del Acuerdo de Ginebra.

Después de que uno de sus representantes mantuviera reuniones y discusiones con las Partes, el Secretario General eligió, a principios de 1990, el procedimiento de buenos oficios como medio apropiado de solución.

3. *Del procedimiento de buenos oficios (1990-2014 y 2017) a la remisión a la Corte*

Entre 1990 y 2014, el procedimiento de buenos oficios estuvo dirigido por tres representantes personales designados por los sucesivos Secretarios Generales. Durante este período, se organizaron reuniones periódicas entre representantes de los dos Estados y el Secretario General.

En septiembre de 2015, el Secretario General organizó una reunión con los jefes de Estado de Guyana y Venezuela, antes de redactar, el 12 de noviembre de 2015, un documento en el que informaba a las Partes que, "[a]suponiendo que "ninguna solución práctica al diferendo se encuentre antes del final de su mandato, [él] tenía la intención de iniciar el proceso para obtener una decisión final y vinculante de la Corte Internacional de Justicia".

El Secretario General anunció en diciembre de 2016 que había decidido continuar el procedimiento de buenos oficios durante un año más.

Tras asumir el cargo el 1 de enero de 2017, el nuevo Secretario General, Sr. António Guterres, ha renovado, de conformidad con la decisión de su predecesor, el procedimiento de buenos oficios por un último año. En cartas fechadas el 30 de enero de 2018 dirigidas a cada una de las Partes, el Secretario General indicó que había "analizado cuidadosamente la evolución del procedimiento de buenos oficios durante el año 2017" y anunció que "no se han logrado avances significativos con miras a un acuerdo completo sobre la solución de la controversia", dado lo cual ha "seleccionado a la Corte Internacional de Justicia como el próximo medio para lograr este objetivo".

El 29 de marzo de 2018, Guyana presentó su demanda en la Secretaría de la Corte.

III. INTERPRETACIÓN DEL ACUERDO DE GINEBRA

La Corte recuerda las tres etapas previstas por el Acuerdo de Ginebra y observa que las Partes no han logrado ponerse de acuerdo sobre la elección de uno de los medios de solución pacífica establecidos en el Artículo 33 de la Carta, tal como estaba previsto en el párrafo 1 del Artículo IV del Acuerdo de Ginebra. Luego dieron el siguiente paso confiando esta elección al Secretario General de las Naciones Unidas, de conformidad con el párrafo 2 del artículo IV de dicho acuerdo. Por lo tanto, la Corte debe interpretar esta disposición para determinar si, al confiar al Secretario General la decisión sobre la elección de uno de los medios de solución establecidos en el Artículo 33 de la Carta, las Partes han acordado resolver su controversia, inter alia, mediante la vía jurídica. En caso afirmativo, deberá determinar si este consentimiento está sujeto a alguna condición. A los efectos de interpretar el párrafo 2 del Artículo IV del Acuerdo de Ginebra, la Corte comienza examinando el uso del término "controversia" en esa disposición.

LA "DISPUTA" SEGÚN EL SIGNIFICADO DEL ACUERDO DE GINEBRA

Para definir la "controversia" para cuya solución se celebró el Acuerdo de Ginebra, la Corte examina el uso del término "controversia" en el texto inglés de este instrumento, que es auténtico.

La Corte observa en particular que las partes, en el contexto de la celebración e implementación del Acuerdo de Ginebra, expresaron opiniones divergentes en cuanto a la validez del laudo de 1899 y las implicaciones de esta cuestión para su frontera. Así, el artículo I del Acuerdo de Ginebra establece que el mandato de la Comisión Mixta era buscar soluciones satisfactorias para la solución práctica de la "controversia que ha surgido entre Venezuela y el Reino Unido debido a la posición de Venezuela, que sostiene "que el Laudo Arbitral de 1899 relativo a la frontera entre la Guayana Británica y Venezuela [fue] nulo y sin efecto". Esta posición de Venezuela encontró una constante oposición por parte del Reino Unido, primero, durante el período comprendido entre 1962 y la adopción del Acuerdo de Ginebra el 17 de febrero de 1966, y luego de Guyana, cuando, habiendo obtenido su independencia, se convirtió en parte del Acuerdo de Ginebra, de conformidad con el artículo VIII de dicho instrumento.

De ello se deduce, según el Tribunal, que el propósito del Acuerdo de Ginebra era buscar una solución a la disputa fronteriza entre las partes derivada de sus puntos de vista divergentes sobre la validez del laudo de 1899. Así lo indica también el título del Acuerdo de Ginebra. − "Acuerdo para solucionar la controversia entre Venezuela y el Reino Unido de Gran Bretaña e Irlanda del Norte relativa al límite entre Venezuela y la Guayana Británica" − y la redacción del último párrafo de su preámbulo. Esta misma idea surge implícitamente del párrafo 1 del Artículo V del Acuerdo de Ginebra, que se refiere a la protección de los respectivos reclamos y derechos de las partes en cuestiones de soberanía sobre los territorios en disputa.

Al final de su análisis, la Corte concluye que la controversia ("controversia" en inglés) que las partes han acordado resolver mediante el mecanismo establecido en el Acuerdo de Ginebra se refiere tanto a la cuestión de la validez del laudo de 1899 como a sus implicaciones jurídicas en la delimitación de la frontera entre Guyana y Venezuela.

LA CUESTIÓN DE SI LAS PARTES HAN DADO SU CONSENTIMIENTO A LA SOLUCIÓN JUDICIAL DE LA CONTROVERSIA DE CONFORMIDAD CON EL PÁRRAFO 2 DEL ARTÍCULO IV DEL ACUERDO DE GINEBRA

La Corte observa que, a diferencia de otras disposiciones convencionales que se refieren directamente a una solución judicial realizada por ella, el párrafo 2 del Artículo IV del Acuerdo de Ginebra reenvía a la decisión de un tercero la elección del medio de solución. Por lo tanto, ha de analizar si las Partes han conferido a este tercero, en este caso al Secretario General, la facultad de elegir, mediante una decisión vinculante para ellas, los medios para resolver su controversia.

LA CUESTIÓN DE SABER SI LA DECISIÓN DEL SECRETARIO GENERAL ES VINCULANTE

Para interpretar el Acuerdo de Ginebra, la Corte aplica las reglas sobre interpretación de tratados establecidas en los artículos 31 y 32 de la Convención de Viena sobre el Derecho de los Tratados. Si bien esta convención no se encuentra en vigor entre las Partes y, en todo caso, no es aplicable a instrumentos celebrados antes de su entrada en vigor, como el Acuerdo de Ginebra, la Corte recuerda que está establecido que estos artículos reflejan normas del derecho internacional consuetudinario.

La primera frase del párrafo 2 del artículo IV del Acuerdo de Ginebra establece que las Partes "remitirán la decisión... al Secretario General". La Corte considera en primer lugar que de esta redacción se desprende que las Partes se han comprometido jurídicamente a respetar la decisión del tercero a quien han conferido esta facultad, en este caso el Secretario General de la Organización de las Naciones Unidas. Luego señala que el objeto y fin del Acuerdo de Ginebra es garantizar la solución definitiva de la controversia entre las Partes.

En vista de lo anterior, la Corte considera que las Partes han conferido al Secretario General la facultad de elegir, mediante decisión vinculante para ellas, los medios a utilizar para la solución de su controversia. Esta conclusión también está respaldada por la posición de Venezuela en la exposición de motivos de su proyecto de ley del 22 de junio de 1970 ratificando el Protocolo de Puerto España, reconociendo la posibilidad "de que la determinación de los medios de solución de la controversia escape a las dos Partes directamente interesadas y que la decisión recaiga en una institución internacional elegida por ellos o, en su defecto, en el Secretario General de las Naciones Unidas. También se debe a las circunstancias en las que se concluyó el acuerdo de Ginebra. Al respecto, la Corte observa que, en la declaración que rindió el 17 de marzo de 1966 ante el Congreso Nacional con motivo de la ratificación del Acuerdo de Ginebra, el Ministro de Relaciones Exteriores de Venezuela, al describir las discusiones que tuvieron lugar durante el Congreso de Ginebra conferencia, afirmó que "[l]a única función conferida al Secretario General de las Naciones Unidas era indicar a las partes los medios de solución pacífica de las controversias previstos en el artículo 33. También aclaró que, tras rechazar la propuesta británica de darle ese rol a la Asamblea General de las Naciones Unidas, "Venezuela sugirió entonces darle ese rol al Secretario General".

LA CUESTIÓN DE SABER SI LAS PARTES HAN CONSENTIDO EN LA ELECCIÓN POR PARTE DEL SECRETARIO GENERAL DEL ARREGLO JUDICIAL

A continuación, la Corte pasa a la interpretación de la última frase del párrafo 2 del artículo IV del Acuerdo de Ginebra, según la cual el Secretario General

"optará por otro de los medios previstos en el artículo 33 de la Carta de las Naciones Unidas, y así sucesivamente, hasta que la controversia haya sido resuelta o hasta que se hayan agotado todos los medios de solución pacífica contemplados en la Carta.

Dado que el párrafo 2 del Artículo IV del Acuerdo de Ginebra hace referencia al Artículo 33 de la Carta de las

105

Naciones Unidas, que incluye los medios de solución judicial, la Corte considera que las Partes han aceptado la posibilidad de que la controversia se resuelva de esta manera. Opina que, si hubieran querido descartar esta posibilidad, las Partes podrían haberlo hecho durante sus negociaciones. También podrían haber enumerado, en lugar de mencionar el artículo 33 de la Carta, los medios de solución previstos sin citar la solución judicial, cosa que tampoco hicieron.

La Corte observa que, según la redacción del párrafo 2 del Artículo IV del Acuerdo de Ginebra, las Partes confirieron al Secretario General el poder de elegir entre los medios para solucionar controversias previstos en el Artículo 33 de la Carta "hasta que la controversia haya sido resuelta". Observa que el artículo 33 de la Carta incluye, por una parte, medios políticos y diplomáticos y, por otra, medios jurisdiccionales como el arbitraje y la solución judicial. El deseo de las Partes de resolver su controversia definitivamente es evidente por el hecho de que los medios enumerados incluyen el arbitraje y la solución judicial que son, por naturaleza, vinculantes. La frase "y así sucesivamente, hasta que se resuelva la disputa" también sugiere que las Partes han conferido al Secretario General la autoridad para elegir los medios más apropiados para resolver finalmente su disputa. La Corte considera que, al elegir un medio que conduzca a la resolución de la disputa, el Secretario General está cumpliendo con sus responsabilidades bajo el párrafo 2 del Artículo IV del Acuerdo de Ginebra, de conformidad con el propósito y el objeto de este instrumento.

En vista del análisis anterior, la Corte concluye que los medios de resolución de disputas disponibles para el

Secretario General, a los cuales las Partes han dado su consentimiento conforme al párrafo 2 del Artículo IV del Acuerdo de Ginebra, incluyen la solución judicial.

La Corte señala luego que esta conclusión no queda cuestionada por la frase "o hasta que se hayan agotado todos los medios de solución pacífica previstos en la Carta" que figura en el párrafo 2 de dicho artículo, lo que podría sugerir que las Partes habían considerado la hipótesis de que la elección, por parte del Secretario General, de los medios previstos en el Artículo 33 de la Carta, que incluye la solución judicial, no daría lugar a la solución de la controversia. Diversas razones podrían explicar por qué una decisión judicial, dotada de autoridad de cosa juzgada y que aclara los derechos y obligaciones de las partes, no conduce en realidad a una resolución definitiva del litigio. Baste señalar, en el presente caso, que una decisión judicial que declare inválido el laudo de 1899 sin delimitar el límite entre las Partes no podría dar lugar a la resolución definitiva de la controversia, lo que sería contrario al objeto y fin del Acuerdo de Ginebra.

En vista de lo anterior, la Corte concluye que las Partes han dado su consentimiento a la solución judicial de su controversia.

LA CUESTIÓN DE SI EL CONSENTIMIENTO OTORGADO POR LAS PARTES PARA LA SOLUCIÓN JUDICIAL DE SU CONTROVERSIA CONFORME AL PÁRRAFO 2 DEL ARTÍCULO IV DEL ACUERDO DE GINEBRA ESTÁ SUJETO A ALGUNA CONDICIÓN

La Corte observa que no es raro que, en tratados en los que consienten en que su controversia se solucione judicialmente, las partes vinculen este consentimiento a condiciones que deben considerarse que constituyen sus límites. Por lo tanto, ahora debe examinar si el consentimiento de las Partes mediante un acuerdo judicial, tal como se expresa en el párrafo 2 del Artículo IV del Acuerdo de Ginebra, está sujeto a ciertas condiciones.

Tomando nota de que las Partes no discuten que el Secretario General debe establecer que los medios elegidos anteriormente no "condujeron... a una solución de la controversia" antes de elegir "otro de los medios previstos en el Artículo 33 de la Carta de las Naciones Unidas, la Corte sólo interpreta los términos de la segunda oración de esta disposición, a saber, la que establece que, si los medios elegidos no conducen a una solución de la controversia, "el Secretario General... elegirá otro de los medios previstos en el Artículo 33 de la Carta de las Naciones Unidas, y *así sucesivamente, hasta que la controversia haya sido resuelta o hasta que se hayan agotado todos los medios de solución pacífica contemplados en la Carta*" (énfasis añadido).

La Corte debe determinar si, conforme al párrafo 2 del Artículo IV del Acuerdo de Ginebra, el consentimiento de las Partes para que su controversia se resuelva judicialmente está condicionado a que el Secretario General siga el orden en que se establecen los medios en el Artículo 33 de la Carta de las Naciones Unidas.

La Corte considera que la lectura de esta disposición en su sentido ordinario indica que el Secretario General está llamado a elegir cualquiera de los medios establecidos en el Artículo 33 de la Carta, sin estar obligado, al hacerlo, a seguir ningún orden particular.

En opinión del Tribunal, interpretar el párrafo 2 del Artículo IV del Acuerdo de Ginebra en el sentido de que exige una aplicación sucesiva de los medios, siguiendo el orden en que están enumerados en el Artículo 33 de la Carta, podría resultar contraria al objeto y propósito del Acuerdo de Ginebra, por varias razones. En primer lugar, el uso de determinados medios ya no tendría sentido si otros se agotaran. Entonces, tal interpretación sucesiva equivaldría a retrasar la solución de la disputa ya que ciertos medios pueden ser menos efectivos que otros en vista de las circunstancias que rodean la disputa entre las Partes. Por el contrario, la flexibilidad y la libertad concedidas al Secretario General en el ejercicio del poder de decisión que se le ha conferido contribuyen al objetivo de lograr una solución práctica, efectiva y definitiva a la controversia.

La Corte recuerda también que la Carta de las Naciones Unidas no exige el agotamiento de las negociaciones diplomáticas como condición previa para la decisión de recurrir a un acuerdo judicial.

La Corte finalmente observa que de su práctica posterior se desprende que las Partes reconocieron que el Secretario General no estaba obligado a seguir el orden en que se enumeran los medios de solución en el Artículo 33 de la Carta, pero tenía el poder de favorecer un medio sobre otro.

Con respecto a la cuestión de la consulta, la Corte opina que nada en el párrafo 2 del Artículo IV del Acuerdo de Ginebra requiere que el Secretario General consulte a las Partes antes de elegir un medio de solución. También observa que, aunque los sucesivos Secretarios Generales han consultado a las Partes, de las diversas comunicaciones de ellos se desprende que dicha consulta sólo tenía como objetivo recopilar información de las dos Partes para elegir el medio de solución más apropiado.

La Corte concluye que, a falta de acuerdo entre ellas, las Partes confiaron al Secretario General, en virtud del párrafo 2 del Artículo IV del Acuerdo de Ginebra, la función de elegir cualquiera de los medios de solución establecidos en el artículo 33 de la Carta. Al elegir el medio de solución, el Secretario General no está obligado en virtud del párrafo 2 del Artículo IV a seguir ningún orden en particular ni a consultar a las Partes sobre esa elección. Finalmente, las Partes también acordaron dar efecto a la decisión del Secretario General.

IV.   COMPETENCIA DE LA CORTE

Como ha establecido la Corte, las Partes, en virtud del párrafo 2 del Artículo IV del Acuerdo de Ginebra, han aceptado la posibilidad de que la controversia se resuelva a través del medio judicial. Por lo tanto, la Corte pregunta si, al elegirlo como medio de solución de la controversia entre Guyana y Venezuela, el Secretario General actuó de conformidad con esta disposición. En caso afirmativo, deberá determinar el efecto jurídico de la decisión adoptada por el Secretario General el 30 de enero de 2018 sobre la competencia que deriva del apartado 1 del artículo 36 de su Estatuto.

LA CONFORMIDAD DE LA DECISIÓN DEL SECRETARIO GENERAL DE 30 DE ENERO DE 2018 CON EL PÁRRAFO 2 DEL ARTÍCULO IV DEL ACUERDO DE GINEBRA

Habiendo recordado el contenido de las cartas que el Secretario General envió el 30 de enero de 2018 a los Presidentes de Guyana y Venezuela relativas a la solución de la controversia, la Corte observa en primer lugar que, al anunciar que había escogido a la Corte Internacional de

Justicia como el próximo medio para lograr la resolución de la disputa, el Secretario General se basó expresamente en el párrafo 2 del Artículo IV del Acuerdo de Ginebra. Observa a continuación que esta disposición pide al Secretario General, en caso de que los medios elegidos previamente no conduzcan a una solución de la controversia, elegir otro de los medios de solución previstos en el artículo 33 de la Carta de las Naciones Unidas, sin exigirle seguir un orden concreto.

La Corte opina que, según el texto del párrafo 2 del artículo IV, los medios adoptados previamente por el Secretario General "no condujeron a una solución de la controversia". En 2014, las Partes ya participaban desde hacía más de veinte años en un procedimiento de buenos oficios llevado a cabo de conformidad con el Acuerdo de Ginebra, bajo los auspicios de tres representantes personales designados por los sucesivos Secretarios Generales, con miras a llegar a una solución del diferendo. Por lo tanto, en su decisión de 30 de enero de 2018, el Secretario General indicó que, al no haberse logrado avances significativos en el marco del procedimiento de buenos oficios con miras a un acuerdo completo sobre la solución del conflicto, había "considerado a la Corte Internacional de Justicia como el próximo medio para lograr este objetivo"; y al hacerlo, cumplió con su responsabilidad de elegir otro medio de solución entre los establecidos en el Artículo 33 de la Carta de las Naciones Unidas.

Aunque no se menciona expresamente ni en el párrafo 2 del Artículo IV del Acuerdo de Ginebra ni en el Artículo 33 de la Carta de las Naciones Unidas, la Corte, el "principal órgano judicial de las Naciones Unidas"

(Artículo 92 de la Carta), constituye un medio de "solución judicial" en el sentido del Artículo 33. Por lo tanto, el Secretario General podría elegirla, sobre la base del párrafo 2 del Artículo IV del Acuerdo de Ginebra, con miras a resolver, a través de canales legales, la controversia entre las Partes.

La Corte observa además que de las circunstancias que rodearon la celebración del Acuerdo de Ginebra, que incluyen declaraciones ministeriales y debates parlamentarios, se desprende que las partes habían considerado recurrir a la Corte Internacional de Justicia durante sus negociaciones.

En vista de lo anterior, la Corte opina que, al celebrar el Acuerdo de Ginebra, ambas Partes aceptaron la posibilidad de que, en virtud del párrafo 2 del artículo IV de ese instrumento, el Secretario General pueda, para resolver la controversia, optar por la solución judicial. solución por parte de la Corte Internacional de Justicia como uno de los medios previstos en el Artículo 33 de la Carta de las Naciones Unidas. Por tanto, la decisión del Secretario General de 30 de enero de 2018 se adoptó de conformidad con lo dispuesto en el párrafo 2 del artículo IV del Acuerdo de Ginebra.

La Corte observa que el hecho de que el Secretario General solicitara a Guyana y Venezuela, si así lo deseaban, "intentar resolver la controversia mediante negociaciones directas, paralelamente a procedimientos judiciales", y ofreciera sus buenos oficios para tal efecto no tiene impacto en la conformidad de la decisión con el párrafo 2 del artículo IV del Acuerdo de Ginebra. Ha aclarado en el pasado que los pasos paralelos tendientes a resolver una disputa por medios diplomáticos no impiden en modo alguno que la Corte la examine. En el presente caso, el Secretario General simplemente recordó a las partes que las negociaciones constituían un medio de solución al que podían seguir recurriendo una vez que la Corte se ocupara de la controversia.

EL EFECTO JURÍDICO DE LA DECISIÓN DEL SECRETARIO GENERAL DEL 30 DE ENERO DE 2018

A continuación, la Corte examina el efecto jurídico de la decisión del Secretario General sobre su competencia, que, según los términos del párrafo 1 del Artículo 36 de su Estatuto, "se extiende a todos los casos que le sometan las partes, así como "a todos en los casos especialmente previstos en la Carta de las Naciones Unidas o en los tratados y convenios vigentes."

La Corte recuerda que "su competencia se basa en el consentimiento de las partes, en la única medida en que ellas lo reconozcan".

El Tribunal – al igual que su predecesor – ya ha observado en varios casos que el consentimiento de las partes a su competencia no estaba sujeto al cumplimiento de una forma específica. En consecuencia, el Estatuto de la Corte no impide en modo alguno que el consentimiento de las Partes se exprese a través del mecanismo establecido en el párrafo 2 del Artículo IV del Acuerdo de Ginebra.

La Corte recuerda que debe, sin embargo, garantizar que exista una manifestación inequívoca de la voluntad de las partes en la controversia de aceptar voluntaria e indiscutiblemente su competencia.

La Corte explica que Venezuela sostiene que el Acuerdo de Ginebra no es suficiente por sí solo para

113

fundamentar su jurisdicción y que se requiere el consentimiento posterior de las Partes, incluso si fuera retenido por el Secretario General como medio de solución judicial. Sin embargo, el hecho de subordinar la ejecución de una decisión adoptada por él en virtud de la facultad que le confiere el párrafo 2 del artículo IV del presente instrumento a un nuevo consentimiento de las Partes privaría a la decisión del Secretario General de "efecto". Además, cualquier interpretación del párrafo 2 del Artículo IV que condicionara la aplicación de la decisión del Secretario General al consentimiento adicional de las Partes sería contraria a esta disposición, así como al objeto y fin del Acuerdo de Ginebra que consisten en garantizar la solución definitiva de la controversia, ya que esto daría a cualquiera de las Partes la facultad de retrasar indefini-damente dicha solución rechazando su consentimiento.

Por todas estas razones, la Corte concluye que, al conferir al Secretario General la autoridad para elegir los medios apropiados para resolver su controversia, siendo el recurso a una solución judicial por parte de la Corte Internacional de Justicia uno de los medios posibles, Guyana y Venezuela han consentido a su jurisdicción. La redacción, el objeto y el fin del Acuerdo de Ginebra, así como las circunstancias que rodearon su celebración, respaldan esta interpretación. De ello se deduce que, en vista de las circunstancias del presente caso, se establece el consentimiento de las Partes a la competencia de la Corte.

INSTANCIA DEL TRIBUNAL

A continuación, la Corte examina si fue válidamente incoada por Guyana.

Recuerda a este respecto que su remisión es "un acto procesal independiente del fundamento de la competencia invocado; y, como tal, se rige por el Estatuto y Reglamento de la Corte". Así, para que la Corte conozca de un caso, el fundamento de competencia considerado debe encontrar su complemento necesario en un acto de remisión.

En el presente caso, el Tribunal opina que un acuerdo entre las Partes destinado actuar ante este conjuntamente sólo sería necesario si no hubieran dado ya consentimiento a su jurisdicción. Sin embargo, dado que concluyó anteriormente que, en las circunstancias del presente caso, este consentimiento estaba establecido, ambas Partes tenían derecho a iniciar procedimientos presentándole una solicitud unilateral conforme al Artículo 40 de su Estatuto.

A la luz de lo anterior, la Corte concluye que la controversia entre las Partes fue presentada válidamente ante ella mediante la presentación de la demanda de Guyana.

ALCANCE DE LA COMPETENCIA DEL TRIBUNAL

Habiendo llegado a la conclusión de que tenía competencia para conocer de la solicitud de Guyana y que se había abordado válidamente el asunto, la Corte examina si todas las solicitudes presentadas por Guyana caen dentro del ámbito de su competencia.

La Corte observa que, en su demanda, Guyana ha presentado ciertas reclamaciones relativas a la validez del Laudo de 1899 y otras que se basan en hechos ocurridos después de la celebración del Acuerdo de Ginebra. En consecuencia, comienza investigando si los reclamos de Guyana sobre la validez del laudo fronterizo de 1899 entre la Guayana Británica y Venezuela caen dentro del objeto de la disputa que las Partes han acordado resolver a través del mecanismo previsto en los Artículos I a IV del Acuerdo de Ginebra y si, por tanto, tiene competencia *ratione materiae* para examinarlos. Indica que luego tendrá que determinar si las solicitudes de Guyana que se basan en hechos ocurridos después de la celebración del acuerdo de Ginebra están dentro de su jurisdicción *ratione temporis*.

En cuanto a su competencia *ratione materiae*, la Corte recuerda que el artículo I del Acuerdo de Ginebra se refiere a la controversia que surgió entre las partes de este instrumento debido a la posición de Venezuela, que sostiene que el laudo de 1899 relativo a la frontera entre ésta y la Guayana Británica es nulo y sin efecto. Como se señaló anteriormente, la disputa que las partes acordaron resolver en virtud del Acuerdo de Ginebra se refiere a la validez del Laudo de 1899 y las implicaciones de esa cuestión para la frontera terrestre entre Guyana y Venezuela. La oposición de opiniones entre las partes del Acuerdo de Ginebra con respecto a la validez de dicho laudo se desprende del uso, en el artículo I de este instrumento, de la expresión "posición de Venezuela, que apoya" ("contención venezolana" en el texto auténtico en inglés). Tomada en el sentido ordinario que se le da en el contexto de esta disposición, esta expresión implica que la supuesta nulidad del laudo de 1899 constituyó un punto de desacuerdo entre las partes del Acuerdo de Ginebra que requería la búsqueda de soluciones. Esto de ninguna manera significa que el Reino Unido o Guyana suscribieron la posición defendida por Venezuela, ni antes ni después de la celebración de este instrumento. Por lo tanto, la Corte considera que, contrariamente a lo que sostiene Venezuela, el uso de la expresión "posición de Venezuela, que apoya" revela la oposición de opiniones entre las partes del Acuerdo de Ginebra respecto de la validez de la sentencia de 1899.

Esta interpretación es consistente con el objeto y fin del Acuerdo de Ginebra, que tenía por objeto, como su título y preámbulo lo indican, lograr una solución definitiva de la disputa fronteriza entre el Reino Unido y Venezuela, entre esta última y la Guayana Británica. De hecho, no sería posible resolver definitivamente la disputa fronteriza entre las Partes sin pronunciarse primero sobre la validez del laudo de 1899 relativo a la frontera entre la Guayana Británica y Venezuela.

La Corte también considera que esta interpretación se ve confirmada por las circunstancias que rodearon la celebración del Acuerdo de Ginebra, así como por el discurso del Ministro de Relaciones Exteriores de Venezuela ante el Congreso Nacional poco después de la celebración de este acuerdo. El Ministro indicó en particular que, "[s]uponiendo que el laudo de 1899 sea declarado nulo, ya sea por mutuo acuerdo entre las partes interesadas o por una decisión dictada por una autoridad internacional competente comúnmente designada, se plantea nuevamente la cuestión en el términos iniciales".

Por lo tanto, la Corte concluye que los reclamos de Guyana respecto de la validez del Laudo sobre Límites entre Guayana Británica y Venezuela de 1899 y la cuestión relacionada de la solución final de la Controversia sobre Límites Terrestres entre Guyana y Venezuela caen dentro del objeto de la controversia que las Partes han acordado resolver. mediante el mecanismo previsto en los artículos I a IV del Acuerdo de Ginebra, en particular el párrafo 2 del artículo IV, y que, por tanto, tiene competencia *ratione materiae* para conocer del mismo.

En cuanto a su competencia *ratione temporis*, la Corte observa que el alcance de la controversia que las Partes han acordado resolver mediante el mecanismo previsto en los artículos I a IV del Acuerdo de Ginebra está circunscrito por el artículo I de dicho Acuerdo, que se refiere a la "controversia surgida… como consecuencia de la posición de Venezuela, que sostiene que el laudo arbitral de 1899… es nulo de pleno derecho". El uso del participio pasado en el artículo I indica que las partes consideraron que la disputa en cuestión era la que había cristalizado entre ellas en el momento de la celebración del acuerdo. Esta interpretación no se contradice con la versión española del artículo I del acuerdo, que es tan auténtica como la versión inglesa. Se refuerza aún más con el uso del artículo definido en el título del acuerdo ("Acuerdo tendiente a resolver la controversia"; en los idiomas auténticos: "Agreement to resolve *the* controversy"/"Acuerdo para resolver *la* controversia"), por la referencia hecha en el preámbulo a la resolución de "cualquier controversia pendiente" (en los idiomas auténticos: "any *oustanding* controversy" / "cualquiera controversia *pendiente*"), así como por la mención del hecho de que el acuerdo fue celebrado " para resolver la controversia *actual*" (en los idiomas auténticos: "to resolve *the present* controversia"/"para resolver *la presente* controversia") (énfasis agregado). En consecuencia, la competencia de la Corte se limita *ratione temporis* a las solicitudes que las Partes habían podido formular en la fecha de la firma del Acuerdo de Ginebra, es decir, el 17 de febrero de 1966. De ello se desprende que las solicitudes de Guyana que se basen en hechos ocurridos después de esa fecha no caen dentro del ámbito de la competencia *ratione temporis* de la Corte.

A la luz de lo anterior, la Corte concluye que tiene jurisdicción sobre las reclamaciones de Guyana relativas a la validez del laudo de 1899 relativo a la frontera entre la Guayana Británica y Venezuela y la cuestión conexa de la solución definitiva de la controversia relativa a la frontera terrestre entre los territorios respectivos de las Partes.

VERBA VOLANT, SCRIPTA MANENT